행동경제학 핸드북

기초 개념 정리 및 에너지시장으로의 적용

행동경제학 핸드북

기초 개념 정리 및 에너지시장으로의 적용

최성희 지음

Σ 시그마프레스

행동경제학 핸드북 : 기초 개념 정리 및 에너지시장으로의 적용

발행일 2016년 7월 25일 1쇄 발행

지은이 최성희
발행인 강학경
발행처 Σ**시그마프레스**
디자인 조은영
편집 류미숙

등록번호 제10−2642호
주소 서울특별시 영등포구 양평로 22길 21 선유도코오롱디지털타워 A401∼403호
전자우편 sigma@spress.co.kr
홈페이지 http://www.sigmapress.co.kr
전화 (02)323−4845, (02)2062−5184∼8
팩스 (02)323−4197

ISBN 978−89−6866−768−8

이 도서의 국립중앙도서관 출판예정도서목록(CIP)은 서지정보유통지원시스템 홈페이지
(http://seoji.nl.go.kr)와 국가자료공동목록시스템(http://www.nl.go.kr/kolisnet)에서 이용하실 수
있습니다.(CIP제어번호 : CIP2016017338)

머리말

경제 주체들의 합리적 의사결정 능력은 소위 주류경제학인 신고전학파의 합리적 선택이론(rational choice theory)을 구축하기 위한 핵심 전제이다. 그러나 경제 주체들의 합리성이 과연 '얼마나 합리적'인가에 대한 근본적인 의구심은 매우 오래전부터 제기되어 왔다. 20세기 초 제도경제학파가 주장한 습관적 사고(habits of thought)[1]나 거시경제학계가 제기한 화폐 착각(Money Ilusion)과 야성적 충동 등은 경제 주체들의 합리성이 항상 완벽할 수 없음을 보여주었던 대표적 사례이다. 1978년에는 허버트 사이먼(Herbert A. Simon)이 '제한

---

[1] '사고습관 혹은 습관적 사고(habits of thought)'는 인간의 사고 처리가 마치 몸에 밴 습관처럼 비판이나 고찰의 과정 없이 매우 자연스럽게 이루어지는 것을 말한다. 인간이 사고습관의 행동을 보이는 주요 이유로서 오랫동안 유지되어 온 사회적 혹은 문화적 환경이 지목된다. 예를 들어 어떤 사회가 약탈에 대하여 오랫동안 정당성을 부여하는 문화를 오랫동안 유지하게 되면, 그 사회의 구성원은 약탈 행위에 대하여 비판적 사고나 고찰의 과정을 갖지 않고 마치 몸에 밴 습관처럼 너무나 자연스럽게(그리고 즉각적으로) 약탈 행위를 정당한 행위로 생각하고 인식하게 된다(원용찬과 베블런, 2007, 유한계급론, p. 29).

된 상황에서의 의사결정모형에 관한 이론'으로 노벨경제학상을 수상하면서 인간의 비합리성이 특정 사례 연구가 아닌 일반 이론적 연구로서 부상하였다. 인지과학자이자 경제학자인 사이먼은 경제 주체들의 합리성이란 매우 제한된 범위 내에서 능력이 발휘되기 때문에 경제 주체의 선택은 '자기만족적 행동'일 뿐이라고 주장하였는데,[2] 이는 완벽하게 합리적인 의사결정 능력을 가진 경제 주체의 선택이 '효용극대화적 행동'으로 귀결된다는 합리적 선택이론과 배치된다. 이후 사이먼의 제한된 합리성 이론은 소위 '행동경제학' 이론의 근간이 되면서 지속적인 학문적 발전을 거듭한다. 행동경제학의 학문적 발전은 사이먼 이후 24년 만에 대니얼 카너먼(Daniel Kahneman)과 버논 스미스(Vernon L. Smith)가 노벨경제학상을 공동 수상함으로써 다시 한 번 세계의 주목을 이끌어 낸다. 특히 2002년의 노벨경제학상은 사이먼이 구축하지 못했던 이론적 모형의 확립과 실험경제라는 연구적 방법론의 유용성이 세계적 각광을 받는 계기가 되었다.

2002년 행동경제학의 노벨경제학상 수상은 대학 행정과 정부 정책에도 눈에 띄는 변화들을 몰고 왔다. 전 세계 주요 대학들은 행동경제학 관련 강의 개설과 연구 성과를 만들어 내기 위해 유명 행동경제학자와 실험경제학자 유치에 치열한 경쟁을 벌이게 되었으며, 각국의 중앙정부들은 정책 대상자의 심리적 특성을 반영한 정책 설계를 위해 행동경제 및 인지과학 정책팀을 적극적으로 창설하기 시작했다.[3] 또

---

2) Simon(1955)과 Simon(1979)

한 각종 매스미디어의 헤드라인을 장식하는 행동경제학은 이제 더 이상 일반 대중에게도 낯설지 않은 사회적 관심사로 급부상했음을 시사한다.[4] 물론 아직까지 경제학계 내에서는 행동경제학에 대한 학문적 독립성 여부를 치열하게 논쟁 중이다. 그러나 행동경제학이 주장하는 인간의 비합리적 심리 특징이 기존 경제학 이론의 약점을 보완해 줄 수 있으리라는 기대가 확산되면서, 행동경제학에 대한 관심과 연구는 오히려 더욱 성장하고 있다.[5]

위와 같은 행동경제학에 대한 학문적 성장과 관심 증대에도 불구하고, 국내의 행동경제학 서적을 찾기는 쉽지 않다.[6] 일반인을 위한 교양서에 비해 전공자를 위한 전문서가 특히 부족함을 목도하면서 *American Economic Review, Econometrica* 등 세계적 학술지에 수록된 행동경제학 논문들의 핵심 내용을 핸드북 형식으로 요약하여 펴내게 되었다. 따라서 분량의 부담을 최소화하고 설명은 최대한 평이한 방식으로 풀어냄으로써 상공계열 전공의 대학원생 수준이라면 단기간에

---

3) 영국은 2010년부터 국무조정실 정책 설계 지원을 위해 BIT(Behavioral Insights Team)를, 미국은 2014년부터 백악관의 정책 설계를 위해 SBST(Social and Behavioral Science Team)를 발족하여 운영하고 있다.

4) 2014년 3월 21일 자 파이낸셜 타임지에 실린 "Behavioral economics and policy" 기사는 'The past decade has been a triumph for behavioural economics'라는 첫 문장을 통해 2002년 이후 행동경제학이 사회적으로 얼마나 많은 관심을 받아 왔는지 극적으로 표현하고 있다.

5) Rabin, M. (2002) *Alfred Marshall Lecture: A Perspective on psychology and economics. European Economic Review*, 46, 657-685.

6) 국내 행동경제학 관련 서적의 대부분은 일반 교양서적 수준의 역서가 지배적이다.

행동경제학의 기초 개념을 파악할 수 있도록 저술하였다. 또한 세부 경제학 분야 중 하나인 에너지경제학(Energy Economics)에 행동경제학을 적용시켜, 아직까지 공식적으로 명칭화되지 않은 '행동에너지경제학(Behavioral Energy Economics)'을 본 저서를 통해 최초로 공식 제안한다. 본 저서가 규정하는 행동에너지경제학의 학문적 개념은 행동경제학에서 다루는 경제 주체의 심리적 특징이 에너지시장에서도 발현되고 있는가를 검토하고, 이에 따른 효과적 정책 설계의 방향성을 논의하는 분야로 정의하고자 한다.[7]

본 저서의 내용은 크게 세 개의 장으로 구성되어 있다. 제1장은 행동경제학의 시작과 발전 과정을 알아보기 위해 경제학의 역사 속에서 행동경제학적 사고를 가지고 연구를 수행한 학자들의 발자취를 조명한다. 그리고 최초 노벨상 수상자인 사이먼으로 대표되는 초기의 행동경제학파들과 카너먼과 스미스로 대표되는 최근의 행동경제학파들을 비교하면서 행동경제학 연구가 시대의 흐름에 따라 어떻게 발전되고 있는지를 확인한다. 제2장은 행동경제학을 대표하는 주요 특징적 가설 및 개념을 정리한다. 이미 친숙하게 알려져 있는 전통적 주류경

---

7) 행동경제학 개념이 세부 경제학 분야로 적용되면서, 세부 전공 분야 명칭에 'Behavioral'를 붙이는 사례가 점차 늘어나고 있다. 예를 들면 최근 행동경제학의 개념이 공공경제학 분야로 적용된 'Behavioral Public Economics', 재무학 분야로 적용된 'Behavioral Finance' 등이 대표적이다. 하지만 에너지경제 분야에 있어서는 공식적으로 'Behavioral Energy Economics'가 명칭화된 적은 없으며, 2016년 2월 현재, 에너지 수요 및 절약에 있어 행동경제학(Behavioral Economics in Energy Demand and Conservation)이라는 표현과 명칭이 통용되고 있을 뿐이다.

제학의 합리적 선택이론과 비교를 통해서 행동경제학의 그 특징적 가설과 개념이 보다 이해하기 쉽게 정리될 것이다. 마지막으로 제3장에서는 행동경제학에서 제시하는 주요 개념들이 에너지경제학 연구에서 어떻게 적용되고 있는지를 정리한 후, '행동에너지경제학' 분야의 필요성을 관련 정책과 결부시켜 간략하게 다루고자 한다.

마지막으로 비록 여전히 보완해야 할 부분이 많은 저서이지만, 본 핸드북이 출판되기 위해 도움을 주신 분들께 감사의 인사를 전하고 싶다. 연구년 기간 동안 행동경제학 세미나 및 다양한 토론의 기회를 제공해 준 클레어몬트(Claremont)대학교의 Paul Zak 교수와 Monica Capra 교수, 원고 작성을 위해 정보 검색 및 정리에 열의를 다해 준 강태훈 연구생, 원고의 출판을 흔쾌히 맡아주신 ㈜시그마프레스와 편집부 여러분, 그리고 하늘에서도 아들의 창의적인 일을 위해 열정적으로 응원을 보내주시는 아버지께 진심으로 감사의 인사를 올린다.

차례

Chapter 1 | 행동경제학의 시작과 발전 • 1

Chapter 2 | 행동경제학의 대표적 가설 및 개념 • 13

  1. 제한된 합리성의 이론적 개념과 배경 • 16

  2. 주요 5대 어나멀리 개념, 이론 그리고 사례 • 20

     전망이론 | 20
     하이퍼볼릭 시간할인율 | 26
     현상유지편향 | 31
     휴리스틱 편향 | 38
     사회적 선호편향 | 43

Chapter 3 | 행동경제학의 에너지시장으로의 적용 • 49

  1. 에너지시장에서의 전망이론 현상 • 52

  2. 에너지시장에서의 하이퍼볼릭 시간할인율 • 58

  3. 현상유지편향적 에너지 선택 어나멀리 : 미 브라운대학교 기숙사 실험 • 62

  4. 휴리스틱 편향의 에너지 선택 어나멀리 : MPG 환상, 비선형비용함수, 허딩 구매 • 67

  5. 개인보다 사회적 선호를 우선시하는 에너지 선택 어나멀리 • 71

  6. 행동에너지경제학적 정책의 필요성과 설계 방향 • 75

  참고문헌 • 81
  찾아보기 • 99

행동경제학의 시작과 발전

행동경제학은 21세기의 새로운 학문인가

1장

행동경제학은 언제, 어떻게 시작되었나? 인간의 비합리적 의사결정에 대한 연구로 1978년 최초로 노벨경제학상을 수상했던 허버트 사이먼(Herbert Simon)을 행동경제학 연구의 시작으로 보아야 할까? 그렇다면 행동경제학은 불과 40년 전에는 찾아볼 수 없었던 완전히 새로운 학문 분야로 이해해야 하나?

행동경제학의 시작점을 탐색하기 위해 우선 개념적 정의부터 짚어 볼 필요가 있다. 일반적으로 행동경제학의 개념적 정의는 "인간의 심리적 특성을 경제학 이론에 적용시키는 학문"(Camerer, Lowenstein, & Rabin, 2004)으로 받아들여진다. 인간의 심리란 항상 이성적이고 합리적일 수 없으며 때때로 충동적이고 비합리적이다. 주류의 합리적 선택이론은 인간의 합리성을 전제로 구축되었기에, 인간의 비합리적인 심리 특성들은 언제나 논외로 다루어진다. 합리적 선택이론자에게 비합리성에 근거한 경제 행위들은 합리적 선택의 귀결지인 '균형상태(equilibrium)'로 수렴되는 과정에서 나타나는 일시적인 불안정한 현상으로 간주될 뿐이다. 허버트 사이먼이 1978년 노벨경제학상을 받은 이유는 바로 기존의 주류경제학이 간과하였던 제한된 상황에서의 비합리적인 인간(=의사결정자)을 다루었던 점을 크게 인정받았기 때문이다. 다시 행동경제학의 시작이 언제였을까라는 논점으로 되돌아가서, 허버트 사이먼이 인간의 제한된 합리성을 연구한 최초의 노벨경제학 수상자인 것은 사실이지만, 과연 인간의 비합리적 심리 현상을 경제이론에 적용시킨 학자 역시 사이먼이 역사상 최초였는지 알아보자.

최근의 문헌고찰 연구 결과, 인간의 경제 행위를 설명하기 위해 충동적이고 비합리적인 심리 특성을 강조하였던 최초의 학자는 바로 애덤 스미스로 밝혀졌다(Camerer et al., 2004; Ashraf et al., 2005). 역설적이게도 애덤 스미스는 1776년 **국부론**(*The Wealth of Nations*)을 통해 '보이지 않는 손'의 능력을 전파함으로써 합리적 의사결정을 전제로 하는 주류경제학의 시장이론을 발전시키는 데 결정적 역할을 담당한 인물이다. 그러나 비록 **국부론**에 비해 인지도는 떨어지지만 17여 년을 앞서 오히려 국부론 저술에 영감을 준 저술이 있었는데, 그 책이 바로 **도덕감정론**(*The Theory of Moral Sentiments*)이다.[1] 애덤 스미스는 본 저술을 통해 "인간의 경제적 행동은 다양한 심리적 감정들에 의해 영향을 받는데, 이러한 심리적 감정들은 이성적인 마음가짐으로 진정이 가능하다."고 주장하였다.[2] 전통적 경제이론과 달리 경제 행위를 설성함에 있어 심리적 요인의 중요성을 주장함으로써, 앞서 정리한 행동경제학의 개념적 정의와 흡사해졌다. 또한 스미스는 본 저술을 통해 "동일한 양이라면 만족보다는 불만족이 더욱 크게 느껴진다."[3]라고 주

---

1) 국부론과 도덕감정론, 이 두 저술이 주장하는 내용이 서로 보완적인지 아니면 상반되는지는 여전히 학계에서 논쟁 중이다. 비록 완전한 결론이 나지는 않았지만, 이 두 저술에서 주장하는 경제이론은 '근본적으로 서로 상반되지 않는다'고 받아들여지고 있다(Ashraf et al., 2005).

2) Smith believes that much of human behavior was under the influence of the "passions"—emotions such as fear and anger, and drives such as hunger and sex—but these passions were moderated by an internal "voice of reason," which he called an "impartial spectator." http://hbswk.hbs.edu/item/adam-smith-behavioral-economist

3) p. 311, "We suffer more... when we fall from a better to a worse situation, than we ever enjoy when we rise from a worse to better".

장하였는데, 이는 행동경제학을 대표하는 '위험회피이론'과 정확하게
일치한다.[4]

18세기의 애덤 스미스 이후, 경제 현상을 설명하는 데 있어 심리적
요인의 중요성을 강조한 경제학자들은 20세기 초반에 다시 등장한다.
1910년대의 제도경제학파(institutionalists)는 경제이론 연구에 있어 심
리학 이론 및 개념의 적용이 필요하다고 주장하였다. 이들이 심리적
요인을 중요하게 여긴 이유는 경제 행위를 설명하는 데 있어 핵심 요
인으로 간주하였던 '제도'의 성격을 '독립된 심리적 개체'로 인식했
기 때문이다.[5] 초기 제도경제학자들에게 있어 제도의 개념적 정의는
매우 다양하지만, 그 다양한 제도의 개념 중에서 습관적 사고(habits of
thought)와 같은 인간의 심리적 요인을 강조하였다. 인간이 사고를 하
는 데 있어 습관적 특징은 현대 행동경제학을 대표하는 비합리성 요
인 중 하나인 '휴리스틱 특성'과 연결되기에, 초기 제도경제학파의 사
상 역시 행동경제학 발전 역사를 언급할 때 빼놓을 수 없다. 또한 초
기 제도경제학파와 비슷한 시기에 활동하던 거시경제학자로서 어빙
피셔(Irving Fisher)와 존 메이너드 케인스(John Maynard Keynes)도 인
간의 심리를 거시경제 현상의 주요 설명 배경으로 사용하였던 점에서
행동경제학 역사를 정리하는 데 있어 간과할 수 없는 인물들이다. 피

---

4) 2002년 행동경제학 발전 기여로 노벨경제학상을 공동 수상한 카너먼의 위험회피이
론은 후반부에 보다 자세하게 다룬다.

5) Mitchell(1910)의 112페이지를 보면 "Institutions are themselves conceived as
psychological entities..."를 확인할 수 있다.

셔는 1928년 화폐 착각(*The Money Illusion*)을 통해 경제 주체들이 화폐 가치를 제대로 파악하지 못하는 이유로서 비합리적 심리 특성을 지적하였고, 케인스는 소위 야성적 충동(animal spirit)을 제시하면서 인간의 경제적 행위는 언제나 합리성에 기반을 두기보다 충동적이고 비합리적인 심리에 따라 결정될 수 있다고 주장하였다.

행동경제학이라는 용어가 공식적으로 사용되기 시작한 것은 1958년 경으로 확인된다(Johnson, 1958; Boulding, 1958, p.21). 즉, 1978년 사이먼이 노벨경제학상을 수상하기 직전의 20여 년 동안 행동경제학이라는 용어도 공식화되면서 초기 행동경제학의 학문적 기틀이 마련되었던 것으로 추정된다. 많은 학자들은 이 시기의 행동경제학을 **구행동경제학**(Old Behavioral Economics)이라 부르며[6], 당시의 주류경제학이 금과옥조처럼 삼고 있던 합리성의 체계에 의문을 제기하면서 발전한다. Earl(1988)에 따르면 초기 행동경제학 연구가 활발하게 부상되었던 지역은 미국의 카네기멜론대학교와 미시간대학교, 영국의 옥스퍼드대학교, 스털링대학교였으며, 또한 Angner와 Loewenstein(2006)은 초기 행동경제학의 선두 주자로서 허버트 사이먼(당시 카네기멜론대학교 재직)과 조지 카토나(당시 미시간대학교 재직)를 지목한다. 이 두 명의 학자는 경제학 박사학위를 딴 정통경제학자가 아니라, 정치학 박사학위를 받고 심리학과 인지과학에서 학문적 커리어를 쌓거나(사이먼의 경우), 아예 심리학 박사학위자(카토나의 경우)였다. 오히려

---

6) Sent Esther-Miriam(2004) 740페이지에 따르면, 최근의 행동경제학과 구별되는 당시의 행동경제학으로서 'old behavioral economics'로 표현

이들의 심리학과 인지과학에 대한 전문성은 기존 주류경제학이 간과하였던 인간의 비합리적인 심리 특성에 주목할 수 있었으며[7], 그러한 주목의 노력은 1950~60년대에 가시적인 성과물로 쏟아낼 수 있었다. 당시 이들을 비롯한 많은 학자들의 행동경제학 연구 결과들을 더욱 효과적으로 알리기 위해 특화된 전문학술지가 탄생되었는데, 1972년에 창간된 *Journal of Behavioral Economics*, 1974년의 *Journal of Consumer Research* 등이 대표적 학술지로 손꼽힌다.

이후, 1950년대의 구행동경제학 시대를 넘어서 곧바로 '신행동경제학(New Behavioral Economics)' 시대가 열리게 된다. 구행동경제학과 신행동경제학의 차이점은 앞서 언급한 인간의 비합리적 심리 특성 요인을 경제이론 모형 내에서 설명할 수 있느냐의 유무로 나뉜다. 즉, 구행동경제학에서는 심리학자들이 주장하는 '인간의 비합리적 심리 특성'(지금부터 전문 용어인 **어나멀리**로 표현)이 (이해는 될지라도) 경제이론 모형 내에서는 설명되지 못해 경제학자들의 폭넓은 동의를 얻기가 어려웠다. 그러나 신행동경제학에서는 어나멀리를 경제이론 모형 내로 끌어들여서 경제 주체의 의사결정을 소위 '경제학적'으로 규명하고, 이러한 시도는 많은 경제학자들의 관심을 받게 되었다. 2002년 노벨경제학상을 수상한 다니엘 카너먼과 그의 절친한 공동연구자인 아모스 트버스키(Amos Tversky)는 이러한 신행동경제학 시대를 연 대표

---

7) Sent Esther-Mirian(2004) 742페이지에 따르면, 주류경제학의 개인행동연구는 주어진 개인효용함수부터 출발하는 반면, 초기 행동경제학파의 행동연구는 주어진 효용함수를 그대로 따르지 않고 그의 행동을 가장 올바르게 묘사할 수 있는 실증적 법칙이 존재하는지를 발견하는 데서 출발한다.

학자로 거론된다. 이 두 명의 학자가 공동으로 수행한 두 개의 연구 성과 (1) 습관적 생각에 기인한 행동과 오류 문제를 다룬 1974년 *Science* 출간 논문, 'Judgement under Uncertainty: Hueristics and Biases'와 (2) 2002년 노벨경제학상 수상의 배경으로 언급된 1979년 *Econometrica* 출간 논문, 'Prospect Theory: An Analysis of Decision under Risk'는 2015년까지 어나멀리를 경제이론 모형 및 실증분석 모형 속으로 적용시키면서 신행동경제학 발전에 지대한 공헌을 세운다. Laibson과 Zeckhauser(1998)는 "카너먼과 트버스키의 연구 성과는 경제학의 역사를 변화시켰으며, 행동경제학을 '더 이상 개연적 아이디어가 아닌' 주류경제학의 반열에 올려놓았다."고 평가한다.[8] 실제 이들의 성과 이후, 수많은 후속 학자들이 탄생하면서 2015년 행동경제학은 더 이상 비주류의 영역이 아닌 2000년 이후 경제학 연구뿐만 아니라 정책적 활용에 있어 가장 활발한 분야로 성장하였다.

　신행동경제학을 언급하면서 빼놓을 수 없는 분야는 실험경제학이다. 2002년 버논 스미스가 다니엘 카너먼과 행동경제학 분야에서 노벨경제학상을 공동 수상한 이유는 바로 이 실험경제학 발전에 기여한 공로를 인정받았기 때문이다. 기존의 경제학 연구는 합리적 이성에 근거한 효용함수 및 수학적 모형에 기반을 두어 결과를 도출해 내며 실증분석 역시 이미 확보된 수량 정보를 수집하여 가설을 검증하

---

8)　Laibson and Zekhauser(1998)의 19페이지를 보면 "[Their] publications altered the intellectual history of economics; they brought the behavioral economics research program into the mainstream"이라는 표현이 나온다.

그림 1 - 1 | 실험경제학 관련 출판 논문 수 추이(1948~2000)

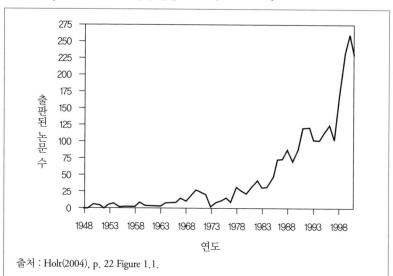

출처 : Holt(2004), p. 22 Figure 1.1.

는 방법을 따른다. 그러나 이렇게 합리성을 전제로 한 기존의 방법론을 인간의 합리성에 대한 의문을 가지는 행동경제학 연구에 적용하기는 부적합하였으며, 그 대안적 방법론으로서 심리실험이나 자연과학 실험과 같이 피실험자의 행동과 반응을 직접 관찰하는 방법이 경제학에 접목되었다.[9] 카너먼과 트버스키의 주요 논문들이 발표된 1979년 이후 20여 년 동안 실험경제학 관련 논문 수는 무려 500% 이상 급격하게 증가함을 발견할 수 있는데(그림 1-1 참조), 이는 행동경제학 연구가 활발해지면서 그 방법론으로 활용되었던 실험경제학 관련 연구

9) 아이러니하게 한때 버논 스미스는 행동경제학의 어나멀리에 대한 무의미성을 주장하기도 하지만(Hindrks and Myles, 2003, p. 64), 실험경제학과 행동경제학 간의 상호 발전적 역할은 매우 강력하게 인정받고 있다.

역시 동시에 활발해졌음을 시사한다.

지금까지 행동경제학의 역사와 발전 과정을 간략하게 살펴보았다. 비록 아직까지 학계의 논의가 진행 중이어서 여전히 확정된 결론이라 단정할 수는 없지만, 최근까지 출간된 연구 논문 중에서도 학계에서 가장 큰 인정을 받는 내용들을 선별하여 정리하였다. 특히 허버트 사이먼 이전의 애덤 스미스, 어빙 피셔, 메이너드 케인스 등을 행동경제학의 역사와 발전 과정에 포함시킴으로써, 자칫 행동경제학이 현대 경제학의 철학적 패러다임을 바꾸려고 하는 최신(最新)의 학문이라는 오해를 풀고자 했다. 애덤 스미스부터 신행동경제학파까지 진행 구성은 Angner와 Loewenstein(2006)이 가장 먼저 제시하였지만, 각 시기별 보충해야 할 부분이 적지 않아 추가 논문들을 참조하여 완성도를 높여 보았다. 본 장은 행동경제학의 역사와 발전 과정에 대한 명확한 이해를 도모하고자 [그림 1-2]를 제공하며 마무리한다.

그림 1 - 2 | 행동경제학의 역사와 발전 과정

18세기(1759년) : 도덕감정론

- 인간행동 결정에 영향을 주는 요인으로 '열정' 언급
  - '열정'은 충동적·감정적 일차원적 심리
- 규모가 동일하다면, 행복보다 고통이 주는 효과가 더 크다고 언급
- 시제간(intertemporal) 선택 문제를 자기 통제력 차원으로 접근

20세기 초반(1910~40년) : 초기 제도경제학파&거시경제학자

- 제도 자체를 독립된 심리적 개체로 해석
  - 습관적 사고에 근거한 비이성적 심리행동을 언급
- 어빙 피셔의 화폐 착각
- 케인스의 야성적 충동

20세기 중반(1975년 이후) : 신행동경제학파

- 비합리성과 어나멀리 현상을 경제이론 모형안으로 적용시켜 설명
  - 전망이론, 위험회피이론, 주요 어나멀리 현상 체계화
- 실험경제학 방법론 발전
- 2002년 노벨경제학상 수상

20세기 중반(1950~70년) : 구행동경제학파

- 인간행동의 합리성에 대한 근본적 의문 제시
  - 어나멀리 현상 제시
- 사이먼, 카토나 등 심리학자 및 인지과학자 주도
- 1976년 노벨경제학상 수상

행동경제학의
대표적 가설 및 개념

제한된 합리성과 주요 심리적 특성 개념

애덤 스미스부터 신행동경제학파에 이르기
까지 행동경제학의 근본 질문은 '인간의 합
리성'에 초점을 맞추고 있다. 물론 행동경제학이
인간의 합리성 자체를 부인하는 것은 아니다. 다
만 인간의 합리성은 동의하지만 과연 '얼마나' 합리적인가에 대한 질문
을 던지고 있다. 행동경제학파는 신고전학파가 주장하는 '충분히 완벽
한' 합리성과는 다르게 인간의 합리성은 제한적이며, 이러한 제한된 합
리성을 통해 결정되는 비합리적 의사결정은 일시적 현상이 아니라 반
복적이고 지속적 현상으로 나타나고 있음을 강조한다. 요약하자면, 인
간의 의사결정은 합리성을 통해 이루어지지만, 그 합리성은 근본적으
로 제한적이기 때문에 그 결과로 나타나는 의사결정은 신고전학파가
주장하는 최적의 선택이 될 수 없음을 행동경제학파는 주장한다.

따라서 본 장에서는 행동경제학의 철학적 요체라고 할 수 있는 인
간의 제한된 합리성(bounded rationality)을 토대로 어떠한 구체적인 이
론적 개념과 행동적 특징들이 거론될 수 있는지를 정리한다. 기존의
사회과학적 이론을 통해 제한된 합리성이라는 추상적인 개념을 구체
화시키고, 대표적으로 언급되는 5개의 어나멀리 이론 및 특징으로 정
리하고자 한다.[1] 5개의 이론 및 특징은 전망이론, 하이퍼볼릭 시간할인

---

1) 물론 본 저서가 정리한 5개의 이론만으로 세부적으로 나타내는 여타의 모든 비합리적
    사례와 현상을 완벽하게 아우를 수는 없다. 그러나 최초의 논문들이 대체로 이 5개 범
    주 안에서 관심을 가지고 있으며, 추가 사례와 현상들은 추후 본 저서의 확대 작업을
    통해 담아낼 예정이다.

율, 현상유지편향, 휴리스틱 편향, 사회적 선호편향이다.

1. 제한된 합리성의 이론적 개념과 배경

일반적으로 개인의 의사결정은 합리적인 평가 과정을 거쳐 이루어진다고 알려져 왔다. 합리적인 평가 과정이란 필요한 정보를 최대한 모아 최선의 결정이 되도록 노력한다는 것을 의미한다. 그러나 현실적으로 의사결정에 필요한 필요한 정보를 완벽하게 수집할 수나 있을지, 심지어 완벽하게 정보를 수집하였다 할지라도 과연 최선의 결정으로 귀결될 수 있는지는 여전히 의문이다. 그 이유는 인간의 합리성이란 절대로 완벽하지 않고 제한적으로 작동하기에 모든 정보를 가지고 있다고 할지라도 최종적으로 내리는 의사결정도 제한적일 가능성이 매우 높기 때문이다. 인간의 합리성이 제한적으로 작동할 수밖에 없는 결정적인 이유로서 인간의 인지구조(architecture of cognition) 자체가 거론된다. 즉, 인지구조 자체가 합리적 의사결정을 하는 데 있어 생물학적으로 한계를 내포하고 있다는 주장이다(Kahneman, 2003).

그렇다면 우리 인간의 판단력이 얼마나 쉽게 합리성으로부터 벗어나 작동할 수 있는지(즉, 비합리적 추론을 통해 오류를 범할 가능성에 얼마나 쉽게 노출되고 있는지), 아래의 문제를 풀어 보면서 확인해 보자. "오늘 1,100원을 가지고 과자 한 봉지와 사탕 한 개를 구입했다. 만약 과자 한 봉지가 사탕 한 개보다 1,000원 더 비싸다는 사실을 알았을 때 사탕 가격이 얼마인지 계산할 수 있겠는가?"(그림 2-1) 기존 실험에 따르면 대부분의 응답자가 사탕의 가격으로 100원이라 답하였다고 한다. 과자 한 봉지와 사탕 한 개를 구입한 전체 가격(1,100원)에서, 과자가 사탕보다 1,000원이 더 비싸다면 사탕은 1,100-1,000=100원이라는 나름대로의 '합리적인 추론(rational reasoning)'을 거쳤을 것이다.[2] 그러나 이러한 나름 합리적인 추론이 곧 오류였음은 검산을 통해 쉽게 확인된다(사탕이 100원이라면 1,000원 더 비싼 과자 한 봉지의 가격은 1,100원이 되어야 하고, 결국 이 둘의 총합은 1,200원이 되므로 최초 합계인 1,100원이 될 수 없다!).

그림 2-1 │ 1,100원으로 구입한 과자 한 봉지와 사탕 한 개 : 과자가 사탕보다 1,000원 더 비싸다면 사탕 가격은 얼마일까?

─────────────

2) 실제 문제는 Frederick(2003. 개인적 교신)이 제안한 것으로 "야구 방망이와 야구공의 전체 가격이 1.10달러이며, 방망이가 공보다 1달러 더 비쌀 때 공의 가격은 얼마인가?"를 우리나라 실정에 맞게 재구성한 것이다. Frederick은 위의 문제를 지적 능력이 상대적으로 우수한 그룹을 대상으로 수행하였는데, 프린스턴 대학생의 약 50%와 미시간 대학생의 약 56%는 공의 가격이 10센트라는 오답을 제시하였다.

혹시 지금 이 글을 읽는 독자도 사탕의 가격을 100원이라고 답하였다면, 이는 독자가 비합리적이거나 산수 능력이 부족해서가 아니라 단지 우리 인간의 인지구조 자체에 한계성을 가지고 있기 때문이었음을 강조하고 싶다. 인간의 인지구조는 합리적면서도 비합리적인 처리 과정을 보유하고 있는데, 경우에 따라 비합리적 인지 시스템이 합리적 인지 시스템을 지배하기도 한다.

[그림 2-2]에서 볼 수 있듯 인지 시스템은 크게 **지각, 직관, 추론**이라는 세 가지 형태로 구분할 수 있다. 지각은 인지 시스템의 가장 초보적 단계로서 감각기관의 자극이나 반응이라고 보면 된다(따라서 인지구조, 즉 시스템이라고 언급할 수는 없음). 지각에 비해 보다 의식적으로 인지하는 단계라 할 수 있는 '직관'은 이성적 추론 과정을 거치지는 않지만 어떤 것이 과연 사실일지를 즉각적으로 깨달을 수 있는 1차 인지 시스템으로 정의된다. 이들 두 인지의 처리 과정은 빠르고 즉각적이며, 특히 감정에 의지하기 때문에 특별하게 별도의 인지적 노력을 필요로 하지 않는다.[3] 그러나 2차 인지 시스템으로 구분되는 '추론'은 처리 시간이 비교적 많이 요구되며, 처리되는 추론들이 시간적 연결고리로 상호 연관성을 가지고 있다.[4] '추론'을 위한 인지 처리 과정은 이성으로 통제되며, 인지적 노력 없이는 결코 처리 수행이 불가능하다.

---

3) 나를 향해 날아오는 물체에 몸을 피해야겠다는 생각, 위험에 빠진 아이를 구조해야겠다는 생각 등이 이에 해당되며, 이러한 생각의 인지 처리는 다음과 같은 표현으로 특징지어진다 : 빠름, 나열적 혹은 병렬적(즉, 생각이 종속적으로 연결되지 않은), 자동적, 노력이 필요치 않음, 익숙함에 '연상적', 경직적이라 학습 속도가 느림, 감성적 (emotional).

또한 의사결정이 감정적으로 처리되지 않도록 중립성을 지키려고 노력하며, 사회적 규율 및 법규에 따르려 하는, 앞서 설명한 '지각'이나 '직관'보다 고차원적 인지 시스템이다.

결론적으로 인간의 의사결정 처리 과정에 있어 합리성과 비합리성(감각적)이 이렇게 공존하고 있다면, 인간의 의사결정은 언제나 합리적일 수 없으며 그 결정은 항상 최적의 상태라 단언할 수 없다. 실제로

그림 2-2 | 인지 시스템 구조

	지각	직관 1차 인지 시스템	추론 2차 인지 시스템
과정		빠름(Fast) 나열적, 순차적(Parallel) 자동적(Automatic) 노력이 필요없는(Effortless) 연상적(Associative) 경직적(Slow-learning) 감성적(Emotional)	느림(Slow) 종속적(Serial) 통제적(Controlled) 노력이 필요한(Effortful) 규칙 지배적(Rule-governed) 유연한(Flexible) 중립적(Neutral)
내용	지각에 의한 인식 결과 (Percepts) 전류 자극 (Current stimulation) 자극 구속 (Stimulus-bound)	개념적 표현(Conceptual representations) 과거, 현재, 미래 상황이 언어로 일깨워짐(Past, Present and Future Can be evoked by language)	

출처 : Kahneman(2003), p. 1451

---

4) 학비가 비싼 대학원 진학 여부 고심, 연비는 좋지만 값비싼 자동차 구입 여부 고심 등이 이에 해당되며, 이러한 생각의 인지 처리는 느리고, 종속적, 자동적이 아니라 세심하게 관리된, 노력이 필요한, 단순한 연상이 아닌 법칙에 의해 지배되는, 유연한, 감성적이지 않고 중립적인 등의 표현으로 특징지어진다.

많은 임상실험 역시 인간의 의사결정이 얼마나 비합리적인지를 증명하고 있는데, 이러한 비합리적 의사결정이 일회적이거나 불규칙적이 아니라 반복적이고 규칙적으로 발생한다는 점에 행동경제학자들은 주목하고 있다. 비합리적 행동, 즉 어나멀리는 매우 다양한 형태로 나타날 수 있지만, 본 저서에서는 최근 학계가 가장 대표적으로 언급하고 있는 5개 어나멀리와 이를 기반으로 정립된 이론, 그리고 관련 사례를 소개하고자 한다.

2. 주요 5대 어나멀리 개념, 이론 그리고 사례

전망이론

현대경제학의 주류로 자리를 잡은 신고전학파는 기대효용이론(Expected Utility Hypothesis, EUH)[5]을 통해 합리적 경제 주체들이 최선의 선택을 하는 과정을 설명하고 있다에 근거하여 설명되어 왔다. 그러나 Kahneman과 Tversky(1973, 1979, 1984)는 불확실성이 존재하는 상황에서 인간의 의사결정은 기대효용이론과 확률이론에 근거한 신고전학파의 주장과 달리 심리적 요인에 영향을 받을 수 있다고 강력히 주장한다. A제품에 50,000원의 가격표를 붙여 놓고 20% 할인행사를 통해 40,000원에 판매하는 경우와 동일한 A제품을 처음부터 40,000원의 가

---

[5] 경제 주체의 선택은 그 선택의 결과에 대한 효용의 기대치에 입각하여 판단하는 것이 가장 합리적이라는 이론(가설). 1947년에 제시된 폰 노이만-모르겐슈타인 효용이론이 EUH가 유효하다는 필요충분조건을 제시한다.

격표를 붙여 판매할 경우, 두 경우 모두 동일한 제품 동일한 가격임에도 불구하고 할인행사를 단행한 A제품이 소비자들에게 더 많은 선택을 받는 것으로 나타난다. 신고전학파에 따르면 두 경우 제품은 가격과 품질 면에서 무차별하여 두 경우 제품 간 소비자의 선호는 동일해야 하지만, 현실적으로 소비자들의 심리적 요인이 발동하여(할인된 가격에 구입한다는 상대적인 심리적 만족감, 물론 신고전학파에 따르면 이는 비합리적인 경제 주체들의 판단) 할인행사를 하는 A제품에 더 높은 선호를 가지면서 선택에 영향을 주는 것이다. 다시 말하면, 경제 주체들은 경제적 의사결정을 함에 있어 절대적인 최종 가치에 기준을 두는 것이 아니라(EUH에 근거하는 것이 아니라), 상대적인 기준점을 근거로 이득과 손실 여부가 중요한 기준이 된다. 이러한 상대적 기준점에 의존하여 나의 선택이 이득이냐 손실이냐의 여부에 따라 심리적 만족도가 달라지고, 결국 달라진 심리적 만족도가 최종 선택에 영향을 준다. 이러한 상대적 기준, 이득과 손실에 대한 심리적 만족 차이, 최종 선택의 영향에 대한 개념이 바로 2002년 카너먼에게 노벨경제학상을 안겨준 **전망이론**(Prospect Theory)의 기초이다.

Kahneman과 Tversky(1979)는 전망이론을 정리한 대표 논문으로서, 본 논문에서 소개되는 다양한 사례, 특히 불확실성이 존재하는 상황에서의 경제적 선택 사례들은 다소 생소하게 들리는 전망이론을 이해하는 데 큰 도움을 준다. 아래의 질문 1과 2를 살펴보자.

첫 번째 [질문 1]은 잠재적 이득과 관련된 질문으로서, 대부분의 사람들은 (A)를 선택하는 것으로 알려져 있다(Camerer et al., 2004). 그러

[질문 1] 당신은 두 가지 선택지 중 무엇을 선택할 것인가?

(A) 900달러를 얻을 수 있는 100% 확률

(B) 1,000달러를 얻을 수 있는 90% 확률

[질문 2] 당신은 두 가지 선택지 중 무엇을 선택할 것인가?

(C) 900달러를 잃을 수 있는 100% 확률

(D) 1,000달러를 잃을 수 있는 90% 확률

나 기대효용이론에 근거를 두면 (A)와 (B)의 기대효용은 모두 900달러로서 동일한 가치를 지닌다. 기대효용의 가치가 동일함에도 불구하고 대다수의 사람들이 (A)를 선호하는 이유는 (B)가 가지고 있는 10% 손실 위험이 (B)의 기대효용을 낮추는 쪽으로 작용하였기 때문이다. 즉, 선택 (B)에서 손실이 발생할 수 있다는 불안감(혹은 위험)은 심리적으로 (B)의 기대효용을 '$1,000 \times 0.9 - \alpha$'로 만들었기 때문에 (A)를 더욱 선호하게 된 것이다(Kahneman & Tversky, 1979).

반면 두 번째 질문은 잠재적 손실과 연관되어 있다. 역시 기대효용이론에 따른 (C)와 (D) 모두 기대효용은 −900달러이다. 그럼에도 불구하고 대부분의 사람들은 (D)를 선택하는 것으로 조사되고 있다. 이는 선택 (D)의 10%라는 비손실 확률이 (D)의 기대효용을 심리적으로 증대시킨 것으로 설명된다. 이 같은 결과는 경제적 주체들이 잠재적 '이득'에 대해서는 위험을 회피하지 않으려 하지만([질문 1]에서 A를 선호), 잠재적 '손실'에 대해서는 위험을 감수하려는 특성([질문 2]에서 D를 선호)이 드러난다. 이는 이득이냐 손실이냐에 따라 EUH 기준으로 '동일한 가치'임에도 불구하고 개인들의 선호는 동일하지 않음을 시사하는 실험 사례이다.

이렇게 이성적 판단하에 동일한 화폐적 가치임에도 불구하고 '손실'이냐 혹은 '이득'이냐에 따라 개인적 판단 가치가 달라지는 이유는 무엇일까? 전망이론은 다음의 세 가지 인지적 특징을 그 이유로 제시한다. 첫째, 최종 가치는 개인의 기준점에 따라 기준점보다 높은 결과는 이득으로 낮은 결과는 손해로 인지한다. 둘째, 민간도는 체감하는 성향(diminishing sensitivity)을 갖기 때문에, 900~1,000달러 사이의 100달러 가치는 100~200달러 사이의 100달러보다 주관적으로 느끼는 가치가 훨씬 적다. 셋째, 사람들은 동일한 효용에 대한 선택 사항에 놓일 경우 이득보다 손실에 대한 가치를 더 크게 인지하므로 손실을 회피하려 한다. 이 세 가지 특징을 반영한 가설가치함수(hypothetical value function) 그래프는 [그림 2-3]과 같다.

[그림 2-3]의 그래프는 중립적이며 상대적인 기준점을 중심으로, 우측은 이득을, 좌측은 손실을 나타낸다. 가로축은 우측으로 갈수록 이득이 높아지고 좌측으로 갈수록 손실이 더욱 높아지는 것을 묘사하고 있다. 우선 이득이든 손실이든 우리의 심리적 가치를 나타내는 그래프

그림 2 - 3 | 가설가치함수

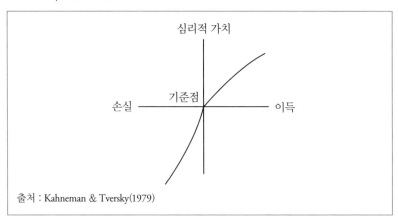

출처 : Kahneman & Tversky(1979)

는 볼록형 비선형의 형태를 보인다. 이는 한 단위 이득(혹은 손실)의 증가로 느끼는 민감도, 즉 심리적 한계 가치는 체감(diminishing marginal rate)하기 때문이다. 다만 1사분면의 이득을 나타내는 심리적 가치의 그래프와 3사분면의 손실을 나타내는 심리적 가치의 그래프의 기울기 변화를 비교하면 손실 부분이 더욱 급격함을 발견할 수 있다. 이는 EUH와 대치되는 주장으로써 인간은 이득 한 단위보다 손실 한 단위에 더욱 민감하게 반응하는 편향된 심리적 특징을 반영한 것이다.[6]

이득보다 손실에 편향된 효용을 가지며, 선택 당시의 상황인 기준점 '0'에 따라 달라지는 손실 및 이득의 민감도 체감성을 함수의 형태로 설명하면 다음과 같은 멱함수(power function)으로 표현된다.

---

6) EUH에서 가정하는 지극히 합리적인 인간은 편향적 사고를 하지 않아 한 단위의 손실과 한 단위의 이득은 동일한 가치로 판단할 수 있다.

$$V(x) = x^\alpha \qquad\qquad x \geq 0(\text{기준점})$$
$$= -\lambda \times (-x)^\beta \qquad x < 0$$

여기서 $0 < \alpha, \beta < 1$이며, $\lambda > 1$을 가지면서 0을 기준점으로 갖는다.[7]

Christensen(1989)은 전망이론의 **민감도 체감성**(diminishing sensitivity)과 관련하여 소비자들의 구매 행태가 어떻게 편향될 수 있는지를 살펴보았다. 우선, 실험 참가자들에게 1,500달러를 지급한 뒤 오디오와 헤드폰 세트를 구입할 수 있도록 상품 카테고리를 제공하였다. 상품 카테고리에 담긴 오디오는 950~1,000달러, 헤드폰은 5~50달러 상당의 제품들로 구성되어 있다. 이후 두 집단으로 나누어 한 집단은 오디오를 먼저 구매 후 헤드폰을 구매하도록 하고, 또 다른 집단은 헤드폰을 먼저 구매한 뒤 오디오를 구매하도록 하였다. 즉, 구매 선택의 순서만 다르게 할 뿐이었다. 그러자 헤드폰을 먼저 구매하도록 한 집단은 헤드폰 구매에 평균 9.25달러를 사용하였지만, 오디오를 먼저 구매한 집단은 헤드폰 구매에 평균 18.75달러를 사용하였다. 헤드폰 구매 사용 금액이 통계적으로 유의미하게 구별될 수 있었던 요인으로 오디오를 먼저 구매한 사람들은 이미 큰 금액을 사용한 후이기 때문에 헤드폰이 상대적으로 저렴하게 느껴졌기 때문으로 파악된다. 동일한 가격의 제품이라도 선택 당시의 상황에 따라 인간의 심리적 요인인 제품 가격의 민감도 체감성이 달라질 수 있다는 편향성을 적절하

---

7) "Kahneman과 Tversky(1992)는 비록 공식적 증명 과정을 거치지는 않았지만 동질적인 선호(reference homogeneity)가 성립된다면 이와 같은 멱함수가 추정된다고 밝혀냈다." Al-Nowaihi et al. (2007) p. 1.

게 보여준 실험 사례이다.

최근 우리의 현실에서도 전망이론에서 나타나는 경제 주체들의 이러한 성향을 활용하여 다양한 마케팅 전략이 소개되고 있다. 예를 들어, 혼수품을 마련하기 위해 대형 가전매장을 방문한 경우, 점원들은 냉장고, TV, 세탁기 등 높은 가격대의 대형 제품들부터 소개한 뒤 청소기, 전자레인지 등의 낮은 가격대의 소형 가전들을 소개하려 할 것이다. 이렇게 할 경우 높은 가격대의 대형 제품을 체험한 소비자들은 소형 가전제품의 가격대가 상대적으로 저렴하다고 느끼면서, 결국 소형 가전제품 중에서도 비교적 높은 가격의 고급 소형 가전제품을 구매하도록 유도될 수 있다. 혹시 이러한 마케팅 전략에 설득되었다고 자책하는 독자가 없기를 바란다. 행동경제학자들이 주장하는 인간의 편향적 사고와 행동은 인간이 결코 무지하거나 바보 같은 존재이기 때문이 아니라 우리의 인지심리구조로 인한 지극히 정상적인 현상이라고 설명할 뿐이다.

하이퍼볼릭 시간할인율

신고전학파 경제는 평생 개인의 효용함수 극대화 모형에 적용되는 시간할인율이 일정함을 가정한다.[8] 따라서 아래의 식 (1)과 같이 시간이 진행될 때마다($t = 0, 1, 2, 3, 4, \cdots$) 일정한 할인율인 '$\delta$'를 시간별로

---

8) Dellavigna(2009)는 식 (1)을 제시하면서 고전학파의 시간할인율 δ가 일정함을 설명한다. 식 (1)의 선택변수는 x이며, p(·)는 실제 상태에서의 함수분포를 U(·)는 효용함수이다.

가중시키면 미래의 효용가치를 현재의 가치로 환산할 수 있는 방법론
이 오랫동안 통용되어 왔다.

$$Max_{x_i^t \in X_i} \sum_{t=0}^{\infty} \delta^t \sum_{s_t \in S_t} p(s_t) U(x_i^t | s_t) \cdots\cdots (1)$$

이렇게 시간할인율이 일정하다는 가정은 1970년 노벨경제학 수상
자인 폴 사무엘슨(Paul Samuelson)의 할인효용모델을 통해 소개된 후
현재까지 수많은 경제동학(economic dynamics) 연구의 근간으로 활용
되고 있다. 시간할인율의 '일정성'은 미래의 자산 가치를 현재 가치로
환산하려는 재무 및 회계 분야에서도 자주 활용된다. 수학적 공식인
$\frac{1}{(1 + \delta)^t} \times A$로 잘 알려진 재무 공식은 소위 '지수형 할인'이라는 개념
으로 아래의 예를 통해 더욱 친숙하게 소개되어 왔다.

(1) 만약 미래 연도가 1년 후일 경우(t = 1) 시간할인율 5%로 10만 원을
현재 가치 환산할 때:

$$\frac{1}{1 + 0.05} \times 100,000 = 95,238원$$

(2) 만약 미래 연도가 10년 후일 경우(t = 10) 시간할인율 5%로 10만 원을
현재 가치로 환산할 때:

$$\frac{1}{(1 + 0.05)^{10}} \times 100,000 = 61,391원$$

이렇게 당연한 진리로 받아들여지는 시간할인율의 일정성은 최근
다양한 실험연구를 통해 도전을 받고 있다. 경제 주체의 성향에 따
라 현재보다 미래의 할인율을 더 높게 평가하는 실험 사례들이 대표

적이다. 현재보다 미래의 할인율이 더 높다는 것은 동일한 가치의 자산에 대하여 미래보다 현재에 더 높은 가치를 부여한다는 것(미래보다 현재에 경제 행위를 하는 것에 더 높은 선호도를 보임)을 의미한다. Thaler(1980, 1981, 1985, 1991, 1999, 2000)는 특정한 경우에서 경제 주체들이 의사결정을 할 때 미래보다 현재에 지나친 편향성을 가지고 있음을 발견하고 이러한 편향이 합리적인 판단을 방해할 수 있으며, 이러한 편향성을 반영한 시간할인율의 함수 형태가 앞서 소개한 '지수 형태'가 아닌 '쌍곡선 형태(hyperbolic)'라고 정의하고, 이를 **하이퍼볼릭 시간할인율**(hyperbolic discount)이라고 하였다.

〈표 2-1〉로 정리된 Thaler(1981)의 실험 사례는 하이퍼볼릭 시간할인율을 보다 정확하게 이해하는 데 도움이 된다. Thaler는 실험 참가자들에게 먼저 질문 A에 대하여 선택을 요구하였다. 대부분의 응답자는 '1년 하고 하루 뒤에 사과 2개를 받겠다.'는 선택(A2)을 하였으며, 이는 하루만 더 참고 한 개 더 많은 사과를 가지려는 합리적 사고에 근거한 선택이라고 평가할 수 있다. 그러나 질문 B에 대하여 예상외로 많은 응답자들이 내일 사과 2개(B2)가 아닌 오늘 사과 1개(B1)를 선택하였다. 이는 더 많은 이득을 취할 수 있는 합리적 선택에 분명 배치되는 반응이다. 질문 A와 질문 B는 하루만 기다리면 사과 한 개를 더 가질 수 있다는 공통점이 있지만, 1년을 기다린 후의 하루가 주는 시간 가치와 오늘이 아닌 내일이 주는 하루의 시간 가치는 후자의 하루가 상대적으로 더 큰 가치를 주기 때문이다. 즉, 가까운 미래에 더 빨리 받고 싶다는 욕구가 질문 B에서 B1을 선택하도록 유도한 것이며, 먼 미

표 2-1 | 실험 질문

질문 A	질문 B
Q. 당신은 다음 중 하나를 선택할 수 있습니다.	Q. 당신은 다음 중 하나를 선택할 수 있습니다.
(A1) 1년 뒤 사과 1개	(B1) 오늘 사과 1개
(A2) 1년 하고 하루 뒤 사과 2개	(B2) 내일 사과 2개

출처 : Thaler(1981)

래보단 가까운 미래에 대해 인간은 더 높은 가중치를 두려하는 시간 가치의 편향성을 설명하고 있다.

Thaler 교수와 함께 하이퍼볼릭 시간할인율과 관련하여 미국 카네기멜론대학교의 조지 뢰벤슈타인(Geroge Loewenstein) 교수는 또 다른 대표 학자로 손꼽힌다. 뢰벤슈타인 교수는 하이퍼볼릭 시간할인율을 함수의 형태로 표현하여 그래프로 시각화하는 데 큰 기여를 하였다.[9] [그림 2-4]에서 보이듯이, α값에 따라 변화하는 시간할인율은 실선으로 표현되는 지수형 시간할인율과 비교하여 분명히 다른 형태이다. 보다 자세히 설명하자면, 가로축의 시간(t)에 따라 일정하게 가중되는 지수 형태의 시간할인율과 비교할 경우 $t = 1$ 이전의 시간에서는 더욱 급격하게 하락하는 반면 $t = 1$ 이후의 시간에서는 더욱 완만하게 하락한다. 이는 단기($t < 1$)에서는 동일한 가치의 자산이라도 미래보다 현재에 더욱 높은 가치를 부여하려는 편향적 성향을 보이는 어나멀

---

9) Lowenstein & Prelec(1992), Lowenstein(1996), Lowenstein(2000), Lowenstein et al.(2001), Frederick, Lowenstein, & O'donoghue(2002) 참조

그림 2 - 4 | 하이퍼볼릭 함수의 시간할인율

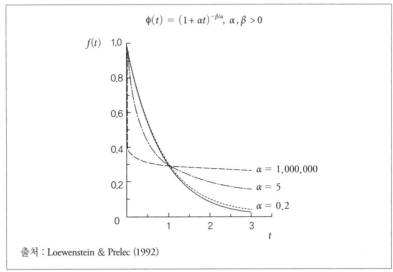

$$\phi(t) = (1 + \alpha t)^{-\beta/\alpha}, \ \alpha, \beta > 0$$

출처 : Loewenstein & Prelec (1992)

리이다.

미래보다 현재의 가치에 편향을 두는 성향은 소비 행태에서 종종 발견된다. 일반 경제학에서 상정하는 합리적 주체는 생애 주기 가설에 따라 미래의 은퇴 이후 예상되는 소비 하락을 방지하고 지속적인 소비 생활을 향유하기 위해 현재 소비를 줄이고 저축(혹은 투자)을 수행한다. 그럼에도 불구하고 현실에서 현재의 소비에 비중을 두는 사람들도 많은 이유는 도대체 무슨 이유일까? 이들은 합리적이지 않은 경제 주체일까? 하이퍼볼릭 시간할인율은 미래 소비를 위해 현재 소비를 줄여 저축하지 않는 행위에 대한 이유로 설명이 가능하다. 미래의 소비에 대한 가치보다 현재의 소비에 대한 가치가 높은 사람들(그림 2-3에서 α의 값이 높은 사람들)은 미래의 소비를 위해 현재의 소비

를 줄여야 되는 경제적 동기가 전혀 없음을 하이퍼볼릭 시간할인율은
잘 설명해 준다. 이들에게는 심지어 미래의 200만 원보다 현재의 100
만 원이 더 높은 만족을 주기 때문이다.

심리학계에서는 **마시멜로 테스트**[10]를 통해 미래보다 현재의 만족에
더 높은 가치를 두는 사람들의 성향을 잘 보여주고 있다. 이러한 심리
학적 연구 결과는 앞서 정리한 경제학적 사례와 함께 다양한 사회과
학적 관점에서 해석이 가능하다. 내일 높은 이자율을 감안하더라도
오늘 대출을 통해 소비 행위(만족)를 하려는 성향, 다이어트 계획을 세
우고 내일의 건강한 가치보다 오늘의 식욕을 참지 못하고 음식을 먹
는 행위에 더욱 높은 가치를 두는 행위 등은 하이퍼볼릭 시간할인율
의 대표적 사례이다.

현상유지편향

우리는 주위의 많은 사람들이 매일 같은 길로 출근하는 것을 선호하
며, 새로운 식당을 찾는 것보다는 자주 다니던 식당, 그리고 처음 앉
았던 자리를 선호하는 모습들을 어렵지 않게 발견한다. 이와 같은 사
람들은 기존의 질서에서 벗어나는 것보다 현재의 상태에 가치를 두고
바뀌지 않으려는 심리적 경향을 가지고 있다. 행동경제학에서는 이

---

10) 1960년 후반부터 1970년 초반까지 미국 스탠퍼드대학교의 Walter Mischel이 수행한
실험이다. 선생님은 유아들에게 마시멜로를 1개 주면서 내가 돌아올 때까지(약 15
분 소요) 먹지 않고 참는다면 돌아와서 2개를 준다고 알려준다. 현재의 만족을 미래
의 만족보다 높게 평가하는 아이는 기다리지 않고 1개를 먹어 버리지만, 미래의 만
족을 높게 평가하는 아이는 힘들지만 기다렸다가 2개를 얻게 된다는 실험이다.

를 **현상유지편향**(status quo bias)이라 하며, 이러한 현상유지편향은 합리적인 의사결정자는 언제나 최고의 효용을 가져다주는 선택을 할 것이라 주장하는 신고전학파의 합리적 선택이론과는 분명히 배치된다(Samuelson & Zeckhauser, 1988).

현상유지편향이 발생하는 이유는 무엇일까? 기존의 연구들은 손실회피(loss aversion)와 후회회피(regret aversion)를 현상유지편향의 배경요인으로 제시한다. 손실회피란 앞서 전망이론에서 언급되었던 바와 같이 동일한 규모일 경우 인간은 손실의 주관적 가치를 이득의 주관적 가치보다 크기 평가하기에 손실을 회피하고 싶어 하는 인간의 본능적 심리 성향을 의미한다(Kahneman & Tversky, 1979). 그러므로 사람들이 현상태를 유지할 것인가 바꿀 것인가에 대한 선택 또한 현재상태를 기준으로 고려하게 되므로, 상태를 바꿀 때 발생하는 잠재적 손실이 잠재적 이득보다 주관적으로 크게 느껴지게 되어 현재의 상태를 유지하려는 결과를 낳는 것이다.

후회회피란 후회할 가능성이 있는 결정은 하지 않으려는 심리적 성향으로 나타나는 행동을 일컫는다. 인간은 어떤 행동을 하기에 앞서 그로 인해 파생될 결과와 그렇지 않았을 때의 결과를 고려하게 되는데, 후회할 것 같은 선택은 아예 하지 않으려고 하며, 이 역시 손실에 대한 두려움과 연결되어 손실회피와 일맥 상통하는 개념으로 설명될 수 있다. Gilovich와 Medveck(1995)은 행동을 변화시키지 않은 현재상태에서 발생한 손실에 대한 후회와 행동을 변화한 후 발생한 손실에 대한 후회를 비교하였다. 비교 결과 피실험자들은 다른 행동을 취한 이후 발생한 손실에 대해 상대적으로 더 큰 후회를 느끼는 것으로 확인되었다. 동일한 손실이라도 행동을 변화한 후 느끼는 손실이 더 큰 후회감을 준다면, 사람들의 현상유지편향은 너무나 당연한 행태적 결과라고 해석할 수밖에 없다.

현상유지편향의 이해를 더욱 돕기 위해 다음의 보유효과(혹은 유산효과 : endowment effect) 사례와 장기기증 동의효과 사례를 살펴보자. 먼저 보유효과 문제를 제시한 대표적 연구는 Samuelson과 Zeckhauser (1988)인데, 유산을 현금으로 상속받은 자들을 실험 참가자로 불러와 〈표 2-2〉와 같은 질문을 하였다.

표 2 - 2 | Samuelson과 Zeckhauser(1988)의 질문

Q. 당신은 금융전문가이며, 최근 막대한 양의 유산(현금)을 상속받았다. 그래서 당신은 이 돈을 투자하기 위해 고민 중이다. 다음 중 어느 선택지에 투자를 할 것인가?	
1	A 기업의 주식(1년 후 주식 가치가 50%의 확률로 30% 상승, 30% 확률로 20% 감소, 20% 확률로 변화 없음)
2	B 기업의 주식(1년 후 주식 가치가 40% 확률로 100% 상승, 30% 확률로 40% 감소, 30% 확률로 변화 없음)
3	국가 채권(1년 후 9%의 수익)
4	지방자치단체 채권(1년 후 6%의 비과세 수익)

〈표 2-2〉 질문에 대한 현금 유산상속자들의 대답은 물론 다양하게 나타났지만 질문을 아래와 같이 전제만 약간 수정할 경우 현상유지편향과 관련된 매우 일관적이면서 흥미로운 대답을 얻을 수 있다.

"만약 상속받은 유산이 A기업의 주식이었을 경우 어느 선택지에 투자할 것인가?"

위의 질문에 대부분의 실험 참가자들은 A기업의 주식에 그대로 투자를 하겠다고 하였다. 심지어 B기업의 주식으로 유산을 상속받았을 경우 선택지를 물었을 때는 B기업의 주식에 그대로 투자를 하겠다고 하는 비율이 높게 나타났다. 국가 채권과 지방자치단체 채권의 경우에도 비슷한 비율로 유산받은 자산에 그대로 투자한다는 비율이 높았다. 즉, 물려받은 유산은 '현재 상태'이며, 사람들은 그 현재 상태를 계속 유지하기 위한 선택을 한다. 이러한 실험을 통해 사람들은 현재의 상태에 그대로 머물고자 하는 강한 경향을 갖고 있음을 증명하였으며, Samuelson과 Zeckhauser(1988)의 실험은 현상유지편향의 대표적 사례 연구로 인용되고 있다.

유산문제와 함께 장기기증 동의율과 관련된 Johnson과 Goldstein (2003)은 현상유지편향을 설명하는 대표적 인용 실험 사례이다. Johnson과 Goldstein(2003)은 초기설정 값 조정을 통해 장기기증 동의율에 있어 현상유지편향이 드러나고 변화될 수 있음을 밝혀냈다. 장기기증 방식으로 옵트아웃(OPT-out), 옵트인(OPT-in), 내추럴 (Neutral) 세 가지가 제시되었다. 옵트아웃(혹은 옵트인) 방식은 주어진 옵션에 대해 동의(거부)한 상태로 설정되어 있으며, 거부(동의)를 하기 위해서는 스스로 거부(동의) 의사를 밝혀야 한다. 반면 내추럴 방식은 제약 없이 스스로 선택하도록 하는 방식이다. 이 세 가지 방법 모두 스스로 선택하는 것에 있어 차이는 없으나, 위의 유산투자 결정의

사례에서 나타나듯이 무엇으로 상속을 받는가에 대한 초기설정 값이 강한 영향을 미치는 것으로 확인되었다. 실제 이들이 발표한 연구에 따르면 프랑스, 헝가리, 폴란드 국민의 장기기증 동의율은 99%이며, 반대로 이들의 인접국인 영국과 독일, 덴마크는 각각 17%, 12%, 4%로 매우 낮은 수준에 머물러 있는 것을 알 수 있다(그림 2-5 참조). 이러한 차이를 내는 이유로 초기설정 값이 제시되었는데, 실제 장기기증 동의율이 매우 낮은 수준에 머물러 있는 국가의 경우 옵트인 방식으로 동의를 받고 있었으며, 높은 국가의 경우 옵트아웃 방식으로 거절을 받고 있었기 때문이다. 이에 대해 장기기증에 대하여 옵트아웃과 옵트인, 그리고 내추럴 방식을 활용하여 한 번의 선택을 통해 결정할 수 있는 장기기증 의향을 조사했고, 그 결과 옵트인 42%, 옵트아웃 82%, 내추럴 79%의 장기기증 의향을 확인할 수 있었다. 이러한 결과는 인간의 현상유지편향 특징이 초기설정 값 조정을 통하여 법적인 문제 없이 장기기증 동의율을 높이는 결과를 이끌어 낼 것이며, 보다 효과적인 장기기증 정책을 수립하기 위한 방향성도 마련할 수 있는 연구 결과이다.

　일상생활에서도 현상유지편향의 행동들은 다양하게 나타난다. 지정석이 아님에도 불구하고 수업시간마다 같은 자리에 앉아 있는 학생들, 한 번 구입하면 같은 브랜드를 지속적으로 구입하려는 행동, 다양한 통신 요금제가 생기더라도 휴대전화 가입 시 신청한 요금제를 그대로 사용하는 소비자들까지 우리는 일상생활 속에서 초기설정 값을 잘 바꾸지 않으려는 성향을 쉽게 볼 수 있다. 소비자들의 현상유지편

그림 2 - 5 │ 국가별 장기기증 동의율

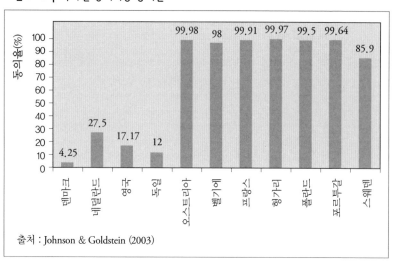

출처 : Johnson & Goldstein (2003)

향성을 활용한 기업들의 마케팅 전략[11]도 눈에 띄게 많아지고 있다. 금융권의 경우 기존 고객에 대한 서비스를 줄이는 대신 신규 고객을 대상으로 한 미끼 상품과 높은 우대금리를 제시하며 새로운 고객을 모집하고 있으며, 통신회사들은 할인율을 높여주는 대신 부가서비스를 3개월 사용 후 고객이 해지하도록 하고 있다. 이러한 경우 실제 고객들의 해지로 이어지는 경우는 매우 낮은 것으로 알려지며, 이를 해지하지 않으면 추가 요금도 지불되고 있다.

새로운 것을 꺼리는 행동은 앞서 전망이론에서 주장하는 손실회피

───────────────────

11) 앞서 전망이론의 개념과 마찬가지로 현상유지편향과 연관된 소비자 마케팅 전략을 소개하는 이유는 향후 정부 정책 수립의 중요한 근거가 될 수 있기 때문이다. 에너지 소비자의 행동 실패와 관련하여 정부 정책의 방향성은 '6. 행동에너지 경제학적 정책의 필요성과 설계 방향'(p. 74 참조)에서 다룬다.

성향과 공통되는 부분이 있다.[12] 그러나 이득이나 손실의 개념 없이도 현상유지편향 현상은 여전히 존재한다는 점에서 전망이론과 현상유지편향은 항상 일치되는(공통되는) 이론이 아니다. 예컨대 Samuelson과 Zeckhauser(1988)는 가상선거 실험을 통해 투표자들은 현재 재임 중인 후보를 새롭게 도전하는 후보들보다 더욱 선호하는 것으로 확인되었으며, 만약 재임 중인 후보 없이 모든 후보가 새롭게 도전하는 투표 상황을 만들면 이들 중 특정 후보에게 주어지는 선호도는 사라지고 모든 후보자가 대체로 고른 투표수를 받는 것이 발견되었다. 또한 Samuelson과 Zeckhauser(1988)는 차 색깔과 관련된 별도의 실험을 수행하였는데, 피실험자들이 검은색과 하얀색 차보다 은색이나 빨간색 차를 더욱 선호하면서도 현재 상태를 검은색과 하얀색으로 설정하면 은색이나 빨간색 차를 선택하지 않고 그냥 검은색과 하얀색 차를 지속적으로 선택하였다. 이러한 실험은 굳이 이득이나 손실의 개념 없이도 현상유지편향 현상이 존재한다는 점에서 전망이론과 현상유지편향은 구별해서 이해해야 할 것이다.

---

12) 이러한 이유로 "전망이론으로 설명되는 손실회피성향은 현상유지편향을 암시한다."(Kahneman & Tversky, 1979, p. 279)고도 하는데, Kahneman 등(1991)은 개인은 잠정적 이득(potential gain)이 있더라도 잠정적 손실(potential loss)이 있을 경우 결국에는 그 잠정적 손실에 집착하게 되어 선택을 회피하고 현재의 상태를 고수하려고 하기 때문에 현상유지편향이 결국 전망이론과 부분적으로 공통되었음을 주장한다.

휴리스틱 편향

지금 카지노의 룰렛 테이블에서 게임[13]을 즐기고 있다고 가정해 보자. 당신은 룰렛 테이블 위의 구슬이 6번 연속 빨간색 판에 떨어진 것을 확인하였다. 자, 그럼 당신은 7번째 배팅에서 어떤 색깔의 판에 배팅을 할 것인가? 빨간색판에 배팅을 할 것인가, 아니면 검은색 판에 배팅을 할 것인가? 지금까지 구슬이 6번 연속 빨간색 판에 떨어졌다면, 대다수의 사람들은 7번째에서 구슬이 검은색에 떨어지는 쪽에 배팅한다. 검은색 혹은 빨간색으로 결정되는 1/2의 확률 게임에서 사람들은 '은연중'에 어느 한쪽이 지나치게 많이 나올 수는 없을 것이라 판단하기 때문이다. 그러나 이러한 판단이란 예측 불가능한 우연적 사건에 대하여 '은연중'이라는 모호한 판단 기준을 가지고 마치 예상이 가능한 사건으로 판단하려는 오류를 범하는 것일 뿐이다. 인간은 판단의 명확한 근거를 찾기가 어려운 경우(불확실한 상황에서) '어림짐작' 혹은 '고정적 편견' 등을 판단의 근거로 사용하려는 오류를 범하는데, 이를 행동경제학에서는 **휴리스틱 편향**(heuristic bias)이라 정의한다 (Tversky & Kahneman, 1974, 1981, 1983, 1986, 1991, 1992).

사실 일반 사람들의 휴리스틱 편향은 앞서 [그림 2-1]의 제한된 합리성 사례로 소개한 '과자 한 봉지와 사탕 한 개'와 일맥상통한다. 인간의 합리성은 매우 한정되어 있기에 정확한 확률 및 수학이론에 따

---

13) 게임룰의 빠른 이해를 돕기 위해 구슬이 빨간색 판 혹은 검은색 판에 멈추는 결과에 따라 승부가 결정되는 방식으로 단순화한다.

라 판단하는 대신 '그럴듯하게' 혹은 '은연중의 단순한' 판단 과정을 거쳐 결론을 내리려는 성향이 공통적으로 다루어진다.

인간의 휴리스틱 편향을 구체적으로 이해하기 위한 3대 유형을 소개한다. 첫째, 고정관념이나 선입관에 의해 어떤 사건이 전체를 대표한다고 판단해 확률적 사실을 무시하는 **대표성 휴리스틱**(representativeness heuristic), 둘째, 객관적인 정보 활용이 아닌 자신의 주관적 경험으로 마음속에서 얼마나 쉽게 떠올리는지 그 가능성에 근거하여 사건의 빈도나 확률을 판단하는 **가능성 휴리스틱**(availability heuristic), 그리고 마지막으로 처음에 습득한 경험이 만들어 낸 기억과 이미지에 고정되어 추가적인 정보 습득 과정 없이 그대로 최종 판단을 하는 **기준점과 조정 휴리스틱**(Anchoring and Adjustment heuristic)이다.

대표성 휴리스틱과 관련하여 가장 인용이 많이 되는 연구로서 Tversky와 Kahneman(1983)을 손꼽을 수 있다. 본 논문에서는 실험 참가자들에게 〈표 2-3〉과 같이 질문을 하였다. "빌과 린다에 대해 주어진 정보를 참고한다면, 다음 세 가지 선택지 중 가장 확률이 높은 순으로 답하시오."

이 같은 질문에 대해 실험 참가자들은 빌의 경우 A>A&B>B 순으로 표시한 응답자의 비율이 87%였으며, 린다의 경우 D>D&E>E의 형태가 85%를 차지하였다. 즉, 지적이지만 삶에 활기가 없는 34세 남성인 빌에 대해 응답자의 대다수가 재즈 연주가 취미인 사람이라기보다는 회계사일 것이라 생각하고, 그다음으로 연상되는 선택이 재즈 연주가 취미인 사람이 아니라, 회계사이면서 재즈 연주를 취미로 즐

표 2-3 | 대표적 휴리스틱 성향 실험 질문

빌			린다		
지적인 34세 남성, 상상력이 부족, 강박적인 성격, 삶에 활기가 없다.			31세 여성, 직설적인 성격, 철학을 전공, 학생 시절 차별과 사회정의에 대한 깊은 관심, 반핵 시위 참여		
(A) 회계사	(B) 재즈 연주 (취미)	(A&B) 재즈 연주 & 회계사	(D) 여성 운동가	(E) 은행 텔러	(D&E) 은행 텔러인 여성 운동가

출처 : Kahneman & Tvershy (1983)

기는 것이었다. 논리적으로 접근하면 회계사이면서 재즈 연주를 취미로 즐긴다는 것은 빌이 재즈 연주를 취미로 즐긴다는 것이 기정사실화되어 있는 것이므로, 회계사이면서 재즈 연주를 즐기는 확률(A&B)보다 재즈 연주를 취미(B)로 하는 사람의 확률이 더 높을 것이라 생각할 수 있다. 결국 사람들은 이미 빌의 특성이 회계사를 대표한다고 생각하므로 재즈 연주가 취미인 회계사의 확률을 더 높게 보고 있다는 것이다. 이처럼 한 부류에 대해 어떠한 전형적인 특징이 보이는 경우에 그것을 기정사실화하여 판단하는 것을 인간의 대표성 휴리스틱 성향이라 한다.

가능성 휴리스틱 성향을 연구한 대표 논문은 Schwarz 등(1996)이다. 본 논문은 특정 사례들이 개인적으로 얼마나 쉽게(어렵게) 떠오르는지가 결국 그 사례가 일어날 확률이나 빈도도 높아지게(낮아지게) 만드는지를 실험하였다. 두 집단(A와 B)에 대한 질문은 〈표 2-4〉와 같다. A집단에게는 '당신이 단호하게 행동했던 6건의 사례'를 B집단에게는

표 2 - 4 | 가능성 휴리스틱 성향 실험 질문

	A집단	B집단
1	당신이 단호하게 행동했던 6건의 사례를 적어 보라.	당신이 단호하게 행동했던 12건의 사례를 적어 보라.
2	당신이 얼마나 단호하게 행동했는지 사례별로 평가해 보라.	

출처 : Norbert Schwarz et al.(1996)

'12건의 사례'를 적도록 하고 사례별로 평가해 보라고 하였다. 실험 결과 12건의 사례를 모두 작성한 B집단의 사람들은 6건을 적은 A집단에 비해 자신이 덜 단호하다고 평가하였다. 그 이유는 처음 몇 건의 사례는 생각하기 쉬웠겠지만 더욱 많은 사례에 대해 쉽게 떠올리기가 어려워지면서, 결국 "아, 나는 그렇게 단호한 사람은 아니구나!"라는 판단에 이른 것이다. 이렇게 어떤 사건이 일어날 빈도가 객관적인 정보에 근거하지 않고 본인이 생각하는(경험하였던) 가능성에 따라 결정되는 가능성 휴리스틱은 일상생활에서도 발견된다.

마지막으로, 기준점과 조정 휴리스틱 성향을 연구한 대표 논문으로서 부동산 전문가를 대상으로 동일한 주택의 가격을 평가하게 한 Northcraft와 Neale(1987)을 손꼽을 수 있다. 주변시설, 면적, 인테리어 등의 정보와 함께 주택을 직접 방문하여 구체적으로 측정하도록 한 후, A집단의 전문가들에게는 현재 시세가 11만 9,900달러, B집단은 14만 9,900달러라고 알려주었다. 그러자 A집단은 평균적으로 11만 4,204달러로 책정하였으며, B집단은 평균 12만 8,754달러로 책정하였다. 이는 시세 정보를 제외한 다른 조건이 동일한 상태에서 1만 4,550

달러의 가격 차이를 만들어 낸 것이다. 그러나 처음에 주어진 시세 정보를 가격 산정에 고려했다고 답한 전문가는 8% 불과했다. 이처럼 처음에 제시된 가격 정보가 기준점이 되어 새로운 정보를 받아들이지 못하고 부분적으로 조정되는 '기준점과 조정 휴리스틱' 현상이 부동산 시세 평가 실험에서 명확하게 드러났다.

일반 경제 및 사회현상에서의 휴리스틱 성향은 다음과 같이 소개될 수 있다. 독일 경제학자인 하노 벡(Hanno Beck)은 **부자들의 생각법**이라는 책에서 자신의 대학 강의 시절의 간단한 실험을 통해 '기준점과 조정 휴리스틱' 현상을 소개하였다. 수업에 참석한 학생들을 두 집단으로 나눠 한 집단에게는 분데스리가 A팀의 우승 확률을 물었고, 다른 집단에게는 A팀이 우승하지 못할 확률을 물었다. 그러자 우승 확률을 맞혀야 하는 집단은 우승하지 못할 조건은 배제한 채 우승의 근거 자료만을 찾아 우승 확률을 높게 판단하였고, 또 다른 집단은 우승하지 못할 근거들만을 조사하여 우승하지 못할 것이라 예상하였다. 이는 처음 인지한 정보(혹은 상황)를 기준으로 최종 판단으로까지 연결시키려는 성향이 있음을 보여준다.

휴리스틱 성향에 대해 대니얼 카너먼은 자신의 저서인 **생각에 관한 생각**(*Thinking, Fast and Slow*)에서 효과적인 마케팅 전략이 될 수 있음을 미국 아이오아 주의 한 슈퍼마켓 판촉행사를 통해서도 설명하고 있다. 슈퍼마켓은 수프를 10퍼센트 할인해서 파는 판촉행사를 진행하며, 어떤 날에는 '1인당 12개 한정'이라는 안내판을 설치하였으며, 또 다른 날은 '무한정 구매 가능'이라는 안내판을 설치하였다. 그 결과

12개로 구매를 제한한 날의 소비자들은 평균 7개의 수프를 구매했으며, 무제한으로 구매 가능했던 날보다 2배 더 많은 수치를 기록했다. 이러한 결과는 필요한 소비를 위해 방문했음에도 불구하고 소비자에게 12개라는 구매 제한을 기준점으로 인지시킴으로써 상품에 대한 충동구매가 유발되도록 한 것이다.

사회적 선호편향

기존 주류경제학은 개인의 이기적인 선호를 기반으로 개인 효용의 극대화를 추진함을 주장한다. 합리적이고 이성적이며 목표를 달성하기 위해 최선을 다하는 이기적인 선호를 지닌 인간, 즉 경제적 인간(호모이코노미쿠스, homo economicus)이라고 주장한다. 그러나 우리의 주변을 둘러보면 자신의 이익만을 추구하면서 개인의 효용을 극대화하는 사람만 존재하지 않음을 쉽게 발견할 수 있다. 자신만의 이익을 추구하지 않으면서 타인의 이익을 고려하는 행동과 선택은 인간의 전제를 호모이코노미쿠스에 두는 기존의 경제학 가정에 수정이 필요함을 시사한다. 행동경제학에서는 자신의 이익(효용)뿐만 아니라 다른 사회 구성원들의 이익도 고려하며, 심지어 타인의 효용에 의해 자신의 효용이 영향을 받을 수 있음을 주장하는데, 이를 **사회적 선호편향**(social preferences bias)이라고 한다(Fehr & Fishbacher, 2002).

사회적 선호의 대표적 인용 논문으로서 **최후통첩게임**(Ultimatum Game)으로 유명한 Guth 등(1982)이 있다. 최후통첩게임은 인간의 이타심을 경제학 분야로 끌어들인 대표적 연구로서 그 게임의 룰은 다음과 같다. 우선 실험 참가자들을 제안자(proposer)와 응답자(reciever)로 분류한 후, 제안자에게 10달러를 제공하고 응답자와 나누어 가지라고 한다. 응답자는 제안된 액수를 보고 거절할 수 있으며, 만약 액수가 마음에 들지 않아 거절한다면 두 사람(제안자와 응답자)은 모두 아무것도 얻을 수 없다. 물론 응답자가 제안자의 액수를 채택하면 게임은 끝난다. 실험 결과는 다음과 같다. 제안자는 대체로 50%의 금액(약 5달러에 해당)을 제시하였으며, 대부분의 제안자는 적어도 30% 이상을 제시했다. 그러나 응답자의 채택 비율 결과를 살펴보니 약 30% 미만일 경우 대부분 거절하는 경향을 보였다. 제안 금액이 30%(약 3.3달러) 미만일 때 대부분의 응답자가 거절했다는 실험 결과는 경제학적으로 매우 흥미로운 대목이다. 개인의 이득을 극대화하려는 주류경제학 관점에서 제안자는 0에 가까운 매우 작은 액수를 제안하고 응답자는 그 작은 액수를 받는 것이 소위 **내쉬 균형**(Nash equilibrium)으로 수렴하기 때문이다.[14] 응답자는 아무리 극소액이라도 거절하는 순간 얻을 수 있는 금액은 '0'이 되므로, 아무것도 받지 않는 것보다는 더 큰 효용을 얻을 수 있다. 결국 이 같은 결과는 주류경제학의 관점과 달리

---

14) 이러한 내쉬 균형에 수렴하지 못하는 이유가 응답자가 거절하면 제안자도 받을 수 없게 만든 그 '교묘한' 게임의 룰 때문이라고 말하는 의견도 있다. 이러한 게임의 룰이 없으면 응답자는 극소액을 받아들일 수밖에 없을 것이라고 주장하기도 한다. 그러나 그 '교묘한' 게임의 룰이 존재하는 바와 상관없이, 만약 응답자(인간)가 호모이코노미쿠스라고 가정한다면 그 극소액을 받아들이는 내쉬 균형에 수렴하게 된다. 호모이코노미쿠스는 아무것도 얻지 못하는 것보다 극소액이라도 받는 것이 더 낫다고(better-off) 판단하기 때문이다. 위의 실험 결과는 제시액이 전체 금액의 30% 미만일 경우 응답자는 '당당하게' 거부하는 선택을 함으로써 인간은 단순히 개인의 이득만을 최우선으로 생각하지 않음을 명확하게 보여주고 있다.

인간은 이기적 선호뿐만 아니라 사회적 선호도 가지고 있음을 의미하고 있다.

최후통첩게임 방식을 응용한 이후의 연구로서 Cameron(1999) 역시 대표적으로 인용되는 논문이다. Cameron(1999)은 인도네시아 사람들을 대상으로 매우 큰 금액에 대한 최후통첩게임을 시행하였다. 그는 기존 연구들이 대체로 제안자가 약 30%의 금액을 제시할 경우 거절하는 경향을 제시하였는데, 만약 설정 가격을 크게 높여서 30% 정도의 금액이 매우 커지게 되면 그래도 거절할 것인지를 확인하고 싶어 했다. 우선 실험 참가자들에게 평균 1개월 지출액의 3배인 20만 루피아를 제공한 후 제안자를 통해 응답자에게 나눠주도록 하였다. 그 결과 제안자는 평균 41.9%의 금액인 83,840루피아를 제시했으며, 응답자의 89.7%가 수락하였다. 그러나 25% 미만(50,000루피아)의 금액을 제시한 경우에는 모든 제안을 거절하였다. 비록 전체 액수의 비중은 25%이지만 50,000루피아에 해당되는 금액은 실험 참가자들의 약 3주간의 평균 지출액에 상응하는 매우 큰 금액이다. 그럼에도 불구하고 역시 30% 미만에서 응답자가 거절하는 실험 결과는 제안자가 자신에 비해 지나치게 많은 금액을 취득한다는 사실이 불공평성과 부당성이라는 심리를 불러일으킨 것으로 해석된다.

최근 우리 주변에서 쉽게 접할 수 있는 자선단체 기부 행동은 인간의 이기적 선호만이 아닌 사회적 선호, 즉 이타적 성향을 확인할 수 있는 대표 사례이다. 자신이 아닌 타인을 위해 시간과 물질을 제공하는 행위는 단순히 이타적인 마음만으로 설명되기에 호모이코노미쿠스라는 전제를 받아들이기가 쉽지 않다. 최근 미국 시카고대학교의 John List 교수는 *Science of Philanthropy Initiative*(SPI)[15]를 통해 기부와 관련된 행동경제학 및 정책 연구를 글로벌 차원으로 진행하였다.[16] SPI와 같은 학계의 움직임은 사회적 선호에 대한 연구와 관련 정책 수립을 위해 사회과학자들의 관심이 증폭되고 있음을 시사한다.

인간의 사회적 선호나 이타적인 성향의 근본적 이유를 밝혀내기 위해 생물학적 접근도 활발하게 이루어지고 있다. 다양한 생물학적 원인 중에서도 인간의 뇌신경에 초점을 맞춘 소위 **신경경제학**(neuroeconomics)이 각광을 받고 있다. 신경경제학의 주요 관심 대상은 인간의 뇌에 있으며, 예를 들어 뇌신경 처리구조 혹은 뇌생성호르몬 등이 인간의 의사결정에 영향을 주고 있는지 여부를 밝혀내는 학문이다. 신경경제학에서는 MRI(자기공명영상) 및 호르몬 테스트와 같은 의학적 방법론이 활용되는데, 미국 클레어몬트대학교의 Paul Zak 교수는 인간의 사회적 선호나 이타성에 영향을 미치는 생물학적 요인으로 옥시토신(Oxytocin)이라는 호르몬의 역할을 발견하여 큰 관심을 모았다.[17] 그의 주장에 따르면 옥시토신의 분비가 많아질수록 인간은

---

15) http://spihub.org

16) 저명 학술지에는 논문을 발표함으로써 이타심의 중요성을 주장하고 있다(List, 2002, 2003, 2004; Fehr, 1999, 2001)

17) 2013년 연례 미국경제학회 기조 연설 내용(http://www.hankyung.com/news/app/newsview.php?aid=2013010483681) ; Kosfeld, Heinrichs, Zak, Fischbacher, & Fehr (2005); Zak, Borja, Matzner, & Kurzban (2005). Paul Zak 교수는 '신경경제학'이라는 용어를 공식적으로 만들어 낸 학자로 인정받고 있으며, 신경경제학 분야의 박사학위 과정을 세계 최초로 만들어 클레어몬트 출신의 신경경제학자를 양성하고 있다.

보다 이타적인 경제적 선택을 하게 되며, 이것이 사회나 경영조직, 그리고 자본주의 성장에도 유의미한 영향을 미치는 것으로 보고되고 있다.[18] 뇌과학과 경제학이 결합된 신경경제학은 첨단의학실험도구가 발전함에 따라 앞으로 학제간 연구의 대표 분야로 성장할 가능성이 매우 높을 것으로 기대된다.

---

18) Paul Zak과 함께 *Nature* 논문의 공동저자인 스위스 취리히대학교의 Ernst Fehr, 실험실 협력 관계를 구축해 온 미국 캘리포니아공과대학교의 Colins Camerer, 카네기멜론대학교의 George Lowenstein은 신경경제학 발전에 큰 공로를 세운 대표적인 학자로 꼽힌다.

행동경제학의
에너지시장으로의 적용

—

'행동에너지경제학'의 시작

3장

본장에서는 앞서 정리한 주요 행동경제학적 개념이 에너지경제 연구에 어떻게 적용되고 있는지를 소개한다. 반복해서 강조하고 있듯이 행동경제학이 가정하는 경제 주체는 신고전학파의 주장과는 다르게 완벽하게 합리직인 존재가 아니다. 경제 주체들은 완벽한 이성과 합리성을 발휘하기보다 주관적이고 심리적 요인들을 경제 행위 선택의 근거로 사용하며, 합리적 최적 선택 행동과 실제 행동(actual behavior)은 달라지게 된다. 행동경제학은 이러한 실제 행동 역시(일시적이 아니고) 반복적이기에 예측 가능한 이론으로 정립되어 인정을 받고 있다.

행동경제학을 에너지경제학에 접목시켜야 하는 필요성도 여기에 있다. 에너지시장에 참가하는 경제 주체들은 언제나 합리적일 수 없으며, 신고전학파의 가정만으로 에너지시장을 설명하고 이해하기에 한계가 발생할 수 있다. 에너지시장 참가자들의 합리적 선택 행동과 실제 행동은 분명 다르기 때문이다. 따라서 우선 에너지시장 참가자들의 합리성 여부를 판단하기 위해, 앞서 제시한 주요 5대 어나멀리를 중심으로 에너지시장에 적용시켜 이해해 보고자 한다. 이와 같이 에너지시장에서 나타나는 시장 참여자들의 어나멀리, 즉 **행동경제학의 비합리적 사고와 행동의 특징을 에너지경제학에 접목시킨 학문을 행동 에너지경제학**(Behavioral Energy Economics)이라 명명하고자 한다.

1. 에너지시장에서의 전망이론 현상

앞서 소개하였듯이 위험회피성향(loss aversion)은 전망이론의 핵심이다. 여기 'A'라는 투자 선택이 있으며, 이 투자를 통해 예상되는 기대 이익과 손실은 동일한 규모라고 가정하자. 비록 기대 이익과 손실의 규모가 완벽하게 동일할지라도, 인간은 손실 쪽에서 느껴지는 불만족을 이익에서 느끼는 만족보다 크게 느낀다. 따라서 위험회피성향에 근거를 둔 전망이론은 투자 'A'에 대한 선택을 꺼리게 되어 이성적으로 동일한 규모의 이익과 손실 규모라도 감정적으로 손실에 대한 더 큰 불만족으로 인해 'A'는 결국 선택되지 않게 됨을 설명한다.

위의 'A' 투자가 에너지시설 투자라고 생각해 보자. 에너지시설 투자를 통해 발생할 수 있는 기대 이익과 손실은 항시 존재할 수밖에 없으며, 전망이론이 주장하듯이 시장 참여자가 느끼는 만족도의 정도는 달라진다. [그림 3-1]을 통해서도 알 수 있듯이 동일 수준의 이득(a)에 대해 느끼는 만족도(K)보다 동일 수준의 손실(−a)에 대해 느끼는 불만족도(−L)가 크다면, 에너지시설에 대한 투자는 결국 회피될 것이다. 에너지시설에 대한 투자 회피는 사회적으로 요구되는 적정 수준의 에너지 사용량과 실제 에너지 소비량 간의 괴리를 발생시키는 원인이 될 수도 있는 것이다.

에너지시설 투자에 대한 미래 '불확실성'은 크게 에너지 가격의 변동성과 에너지 효율시설 투자금의 불가역성 두 가지로 거론된다(Hirst & Brown, 1990) 화석연료 가격의 급락은 에너지 절약시설의 유용성이

그림 3 - 1 | 전망이론(위험회피성향 의사결정자)의 에너지 사용으로의 적용

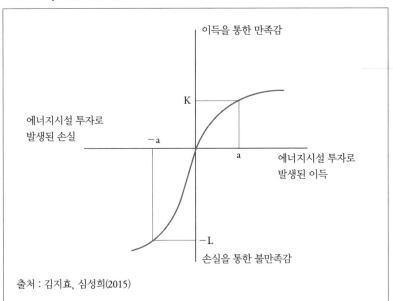

출처 : 김지효, 심성희(2015)

하락하게 되고 여타 시설로의 전환이 불가능한 에너지 절약시설의 투자는 막대한 경제적 손실을 유발할 것이다. 물론 화석연료 가격의 상승은 반대의 결과를 가져올 것이며, 결국 에너지 가격의 변동성 증대는 손실과 이득 간의 차이를 증대시키는 역할을 할 것이기에 미래 불확실성에 대하여 시장 참여자가 느끼는 위험도는 더욱 커진다. 그러나 이 두 요인만으로 전망이론을 설명할 수 없다. 전망이론은 이러한 시장요인이 아니라 인간의 위험회피성향이라는 심리적 요인에 주목하기 때문이다. 그렇다면 만약 미래의 불확실성이 일정하다고 가정하였을 경우, 위험회피성향이 큰 구성원으로 이루어진 사회와 상대적으로 작은 구성원의 사회 중 에너지 절약시설에 투자할 확률은 어떤 사회가 높겠는가? 그리고 어떤 사회가 실제 에너지 소비를 줄임으로써 에너지 괴리 개선 달성에 더욱 가까워질 수 있겠는가? 이에 대한 대답은 곧 사회 구성원이자 시장 참여자의 위험회피성향이 에너지 괴리 발생의 주요 요인이 될 수 있다. 또한 현실적으로 시장의 불확실성이 완전히 제거되는 것이 불가능하다는 것이 전제된다면, 에너지 괴리를 확대시키는 주요 요인으로서 전망이론이 조명하는 인간의 위험회피성향이 손꼽힐 수 있음을 강력하게 시사한다.

특정 에너지 기술(혹은 시설개발)에 대하여 투자를 함에 있어 위험이 예상될 경우, 이 위험에 대한 시장 참여자들의 지불용의금액(Willingness To Pay, WTP)[1]을 생각해 보자. 위와 같은 상황에서 위험 프리미엄의 성격을 지닌 WTP가 높아질수록 시장 참여자의 본 기술에 대한 위험인지도 역시 매우 높아진다고 해석된다. 결국 시장 참여자들의 위험회피성향이 강해질수록 본 에너지 기술의 채택 가능성은 낮아지게 된다.

지금까지 에너지 및 환경 분야에서 다룬 대부분의 WTP 연구는 의사결정자의 효용함수(utility funcion)가 위험 중립적이라는 가정을 전제로 수행되었다(Farsi, 2008). 위험 중립적인 효용함수는 수학적으로 직선 형태를 띠지만, 만약 전망이론에 근거하여 인간의 위험회피성향

---

1) WTP는 효용의 감소 없이 어떤 공공재에 대하여 최대 지불할 수 있는 금액(금전적 양)으로 정의되며, 혹은 비시장재화에 있어서 그 재화를 소비할 때와 소비하지 않을 때 변화할 수 있는 소비자의 만족도를 동일하게 만들 수 있는(동일한 무차별곡선을 보장하는) 보상의 양으로도 정의된다.

그림 3 - 2 | 에너지 효율적 절연처리 및 통풍 시스템에 대한 위험 프리미엄

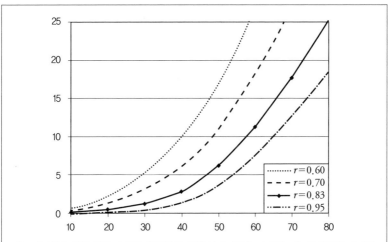

주 : 가로축은 위험 변동 수준을 세로축은 위험 프리미엄을 가리킴. γ는 분석모형 내에서
　　사용된 '멱함수의 지수'로서 총 4개의 지수값을 매개수로 사용함.

출처 : Farsi(2008) Figure 1, p. 25

을 기본 전제로 가정한다면 오목 형태를 분석에 반영해야 한다[2]. 오목
형태의 효용함수는 결국 [그림 3-1]에서 정의한 전망이론의 위험회피
성향의 효용함수의 형태와 일치되며, 에너지 환경 분야에서 주로 다
루는 비시장제품(non-market good)의 한계효용이 특정 수준 이후에
급격하게 감소하는 특징을 설명하기에 훨씬 적합한 것으로 알려져 있
다(Farsi, 2008, p. 6).[3]

---

2) 위험 회피자의 효용함수가 오목한 수학적 이유는 $\frac{dU}{dR} > 0$, $\frac{d(dU/dR)}{dR} < 0$이기 때문이
　다. 그러나 위험 중립자의 효용함수는 $\frac{d(dU)}{dR} = 0$으로 수학적 정리를 갖기에 선형으
　로 표현된다.

3) 대표적인 사례가 바로 '오염'이라는 비시장 환경재화이다. 오염을 막기 위한 추가적
　인 수단에 대한 소비자의 WTP는 특정 오염 수준 아래에서 급격하게 0으로 수렴한다.

Ameli와 Brandt(2014)는 OECD 가계 소비자가 에너지 절약으로 발생하는 이득보다 에너지 절약시설 투자에서 발생하는 비용에 훨씬 민감하게 반응하고 있음을 밝혀냈다. OECD를 통해 확보한 자료[4]를 분석한 결과, 난방온도조절기와 태양광 패널에 투자하는 가계들은 이 시설을 통해 얻게 되는 이득에 비해 최초 투자비용에 더욱 높은 가치를 부여함으로써 결국에는 투자를 포기하는 것으로 나타났다. 이외에 Farsi(2008)는 스위스의 아파트 세입자 대상 서베이를 통해 세입자들이 평가하는 에너지 절약적 절연처리와 통풍 시스템 투자에 대한 위험 프리미엄을 측정하였다. 측정 결과 불확실성 1단위 증가에 두 에너지 절약 시스템에 대한 위험 프리미엄은 기하급수적으로 상승함을 발견하였다(그림 3-2 참조). 이는 서베이에 참가한 스위스 아파트 세입자들이 에너지 절약시설 투자에 대하여 위험회피 경향을 가지고 있음이 드러난 것으로, 역시 에너지 절약시설로부터 발생하는 이득보다 투자에서 발생하는 비용에 더욱 민감하게 반응하고 있음을 보여준다. 또한 이러한 소비자들의 성향으로 인해 현재 스위스 아파트의 에너지 절약 시스템 투자가 활발하지 않고 있음을 지적하고 있다.

2005년 이전의 연구들로 확대 조사하면, 최근의 연구 결과보다 훨씬 위험회피적인 결과가 눈에 띈다. 기업을 대상으로 분석한 Anderson과 Newell(2004)은 에너지 절약을 통한 이득보다 절약시설 투자로 인한 비용에 대하여 약 40% 이상 더 높은 가치를 두고 있다고 추정함으

4)   OECD Survey on Household Environmental Behavior and Attitude

로써, 기업적 관점에서도 에너지 절약시설에 대한 투자가 회피되는 경향을 지적하였다. Jaffe와 Stavins(1995)[5]는 심지어 에너지 시설 투자 비용이 에너지 절약을 통한 이득에 비해 300%가량 더 높게 인지될 수 있다는 결과를 발표하였으며, Hasset와 Metcalf(1995)는 무려 8배 이상 비용에 너 민감함을 보여주었다.

물론 미래 불확실성 자체가 현재에서 정확한 측정을 하기에는 한계가 있기에, 미래 불확실성이 내포된 에너지시설 투자를 회피하려는 행동은 결코 '비합리적'이라고 단정지을 수 없으며, 오히려 불확실성을 피하려는 지극히 합리적이고 이성적인 행동이라 해석할 수 있다. Van Soest와 Bulte(2001)는 에너지 기술 투자의 선택 시점을 기업 관점에서 분석한 결과, 앞으로 더 나은 기술이 예정된다면 비록 현재 기술이 수익을 창출하더라도 채택하지 않고 기다리는 것이 지극히 합리적인 선택임을 주장하였다. 투자를 위해 감수해야 할 매몰비용을 감안한다면 회피를 위한 보수적 성향의 선택이 결코 비합리적이라고 폄하할 수 없다는 논리이다. Anderson과 Newell(2004) 역시 중소기업 에너지 평가 프로그램에 기초한 산업평가센터자료(Industrial Assessment Centre's Data)를 활용하여 미래의 불확실성이 있는 에너지 기술은 중소기업들에게 선택되지 않는 것으로 결론을 내렸다. 자본 유동성 측면에서 투자 여력이 넉넉하지 않은 중소기업의 특징을 고려해 보면,

---

5) Amy Jaffe는 Stavins와 함께 1995년을 전후로 에너지 효율 관련 분야에서 많은 연구를 출간했다. 예를 들어 Jaffe & Stavins(1994a, 1994b)와 Jaffe, Newell, & Stavins(2004)가 대표적이다.

투자 실패에 따른 매몰비용 부담이 상대적으로 높은 중소기업들의 입장에서 지극히 합리적인 결정이라고 평가할 수 있다.

경제적 선택에 대한 합리성 여부를 바라보는 다양한 관점이 존재하지만, 전망이론이 주장하는 인간의 위험회피성향은 에너지 시설에 대한 투자를 지연시키는 매우 설득력 있는 배경 요인이다. 따라서 에너지 절약을 유도할 수 있는 고효율시설 투자를 촉진하기 위해서 기존의 강력한 정부 주도(patriarchal)의 목표시장 정책(market-targeted policy)에 치중할 것이 아니라, 인간의 본성인 위험회피성을 회유하는 심리적 넛지(nudge) 스타일의 정책 도입을 이제는 신중하게 고민해야 할 때이다.

2. 에너지시장에서의 하이퍼볼릭 시간할인율

오늘 사용하는 에너지 1단위와 내일 사용하는 에너지 2단위의 가치(효용 혹은 만족도)는 동일할까? 만약 둘 중의 하나만 선택해야 한다면 당신은 오늘 1단위를 사용할 것인가, 아니면 내일 2단위를 사용할 것인가? 신고전학파와 같은 주류경제학 이론은 이 문제의 해답을 다음과 같이 제공한다. 내일 사용하는 에너지 2단위를 현재 가치로 환산하여 현재의 에너지 1단위 가치와 비교한 후, 현재 가치가 더 높은 것을 선택하면 되는 것이다. 만약 할인율이 50%라면 오늘 소비와 내일 소비의 가치는 같으며, 할인율이 50% 이하라면 내일 소비가 더 큰 효용가치를 제공하므로 내일 2단위 소비를 선택할 것이다. 그러나 할인율을 50% 이상으로 반영하는 사람은 오늘 소비가 더 큰 만족을 줄 것이다.

하이퍼볼릭 시간할인율은 앞서 [그림 2-4]에서 소개와 위의 예제에서도 나타나듯, 미래에 대하여 '지나치게' 높은 할인율을 적용하는 성향을 의미한다. 미래에 대하여 지나치게 높은 할인율을 적용한다는 것은 미래보다 현재를 더욱 선호함을 시사한다. 에너지 사용에 있어서도 이러한 현시선호편향으로 인해 적설한 미래 에너지 투자 및 소비가 이루어지지 못하는 사례를 소개한다.

DEFRA(2010)의 〈표 2.1〉은 지난 40여 년 전의 연구까지 추적하여 가정용 에너지시설 투자 도입에 대한 할인율을 추정한 다양한 보고서 및 논문들을 매우 잘 정리하여 제시하고 있다. 단열시설 투자에 대하여, 1980년대의 경우 미국 가정 소비자들은 최소 10%에서 최대 32%까지 생각하고 있었음을 알 수 있으며(Cole and Fuller, 1980; Corum and O'Neal, 1982; Arthur, 1984), 2000년 이후 캐나다 가정 소비자들은 약 20.79%로 인지하고 있었던 것으로 추정된다(Jaccard and Dennis, 2006). 난방시설 투자에 대하여서는 1980년대 중반 이전까지 미국 가정 소비자들은 최고 36%까지 할인율을 고려하였지만[6], 2000년 이후 캐나다 소비자를 대상으로 약 9%의 할인율을 고려했던 것으로 추정되었다. 냉장시설에 대한 할인율 추정치 역시 비슷한 편차를 보이는데, 1980년대 논문들이 45~300%(Gately, 1980), 61~108%(Cole and Fuller, 1980), 34~58%(Meier and Whittier, 1983)를 추정하였지만, Revelt와 Train(1998)은 39%를 추정하였다. 그 밖에 최근의 논문들을 위주로 재

---

6) Lin 등(1976)은 최고 31%, Goett(1978) 36%, Goett와 McFadden(1982) 6.5%~16%, BerKovec 등(1983) 25%

정리하자면 상대적으로 2000년 이전의 연구 결과와 달리 높지 않은 할인율들이 추정되었다. 예를 들면, 자동차 연비절약을 위한 투자 할인율로 추정된 45%(Allcott and Wonzy, 2009)와 전력 효율성이 높은 가전제품을 위한 투자 할인율로 추정된 37%(Dale and Fujita, 2008)를 제외하면, 대부분 6%(Rosenquist et al., 2006), 7%(Keefe et al., 2008), 4%(Sanchez et al., 2008)와 같이 한 자릿수로 추정되는 것으로 발표되고 있다.

물론 에너지시설 투자에 대하여 하이퍼볼릭 시간할인율이 적용되는 것 역시 지극히 합리적인 선택(행동)이라는 의견도 존재한다. Hassett와 Metcall(1993)도 매몰비용의 경우를 적용하여, 에너지 절약 시설 투자에 대한 외양적으로 높게 산정되는 할인율은 시장 실패의 결과도 아닐뿐더러 비합리적 결과도 아님을 강조하였다. 투자자 입장에서 매몰비용은 반드시 고려해야 할 위험요소이며, 이 위험요소를 반영하여 시뮬레이션한 결과로 표준할인율(standard rate)보다 4배 이상 큰 할인율이 추정된다고 밝혀냈다. 따라서 이렇게 급격한 할인율 상승을 비합리적인 판단이라 평가하기보다 세제 지원 등을 통해 해결해야 당연한 경제 현상으로 소개하였다.

다양한 의견이 공존하지만 적절한 투자를 통해 현재의 에너지를 미래에 사용하기 위한 선택에 대해서 소비자들이 느끼는 할인율이 시장 할인율에 비해 높다라고 판단하는 것이 학계의 중론이다. 다만 높은 수준이 '적절'한 것인가 아니면 '지나친' 것인가에 대한 판단은 여전히 논쟁 중이라고 생각된다.[7] 지나치게 높다고 생각하는 에너지전문가들은 에너지 소비자들의 현시선호편향이 과도하다고 판단하며, 결국 현재와 미래의 에너지 소비 불균형(현재 에너지 소비의 지나침과 미래 에너지 소비의 부족함) 발생의 원인으로 에너지 소비자들의 현시 선호편향 이상을 지적하고 있다.

그럼 가계 에너지 소비자의 하이퍼볼릭 시간할인율 성향에 영향을 주는 요인들도 존재할까? 하이퍼볼릭 시간할인율 정도가 개인적으로 달라질 수 있는 요인으로는 개인의 소득 수준이 대표적으로 거론된다. 소득이 낮아질수록 미래 소비보다 현재 소비에 집중할 수밖에 없는 소비 행태를 보이지만, 소득이 높아질수록 현재 소비에 지나치게 집착하기보다 미래 소비를 위해 소득을 균형 있게 배분하려는 성향을 갖기 때문이다(Hausman 1979).[8] 소득 이외의 여타 인구적 요인으로서 나이가 어릴수록[9], 미혼일수록[10], 교육 수준이 낮을수록[11], 집 소유권[12]이

---

7) 현시선호편향이 강하다고 보는 것이 학계의 중론이라고 강력히 주장하는 최근의 대표 보고서는 다음과 같다. DEFRA(Department for Environment, Food, and Rural Affairs) 최종보고서, UK, 2007, p. 15.

8) 사실 에너지 사용에 있어서 소득 수준과 inter-temporal choice 간의 연관성은 전통경제학 이론과도 일치하며(Fisher, 1930; Price, 1993), 전통경제학 연구의 실증분석 결과와도 부합된다(Lawrance, 1991). 이러한 연관성을 설명할 수 있는 경제학적 이유들이 매우 오랫동안 수많은 연구들에 의해 제시되어 왔는데, 그중 가장 대표적인 이유는 저소득층 가계는 고소득층 가계에 비해 심각한 자금 유동성 문제에 직면하고 있으며 자본시장 접근력 역시 상대적으로 약하기 때문이다. 또한 저소측층 가계일수록 미래 소득에 대한 충격 발생 가능성이 훨씬 높기 때문에 저소득층이 현재 소비에 집중하는 것은 오히려 위험회피적인 합리적 행동으로 해석된다.

9) Read & Read(2004)

10) DEFRA(2010), p. 16.

11) Harrison, Lau, & Williams(2002)

12) Ventura(2003)

없을수록 하이퍼볼릭 시간할인율 성향이 강해지는 것(현재 에너지 소비를 선호하고 미래 에너지 소비는 선호하지 않음)으로 나타나고 있다. 따라서 현재-미래 간 에너지 소비량 격차와 하이퍼볼릭 시간할인율 성향과의 연관성, 다시 하이퍼볼릭 시간할인율과 인구적 요인과의 연관성을 학습하면 가계 소비자의 인구적 요인에 따라 현재-미래 간 에너지 소비량 격차가 어떻게 달라질 수 있는지도 유추가 가능해진다.

3. 현상유지편향적 에너지 선택 어나멀리 : 미 브라운대학교 기숙사 실험

현상유지편향은 앞서 소개한 바와 같이 현재의 상태를 유지하려는 성향으로 인해 인간은 "아무것도 안 하거나 혹은 현재나 과거의 결정을 지속"[13]시키려고 한다. 이러한 현상유지편향 사례가 에너지 사용에도 나타나는지 최근 다양한 실험 연구 과제로 진행되고 있다. 2012년 미국 브라운대학교의 기숙사 실험은 최근의 에너지 현상유지편향 관련 대표적 실험 연구로 거론될 수 있기에, 자세한 실험 내용과 결과를 여기에서 소개하고자 한다.

브라운대학교 실험팀은 3개(A, B, C)의 기숙사 건물을 대상으로 총 2주 동안 전력 사용량 변화를 살펴보았다. 우선 첫 번째 주(2012년 4월 10일, 16일)는 비교를 위한 기준 기간이고 두 번째 주(2012년 4월

---

13) Samuelson & Zeckhauser, 1988, p. 8.

17일, 23일)는 실험 기간으로 정하였다. 첫 번째 주가 끝나는 날인 4월 16일 정오에 3개의 기숙사 건물 중 A기숙사를 방문하여 학생들이 가장 많이 출입하는 공동생활장소(라운지나 식당, 화장실 등)의 조명 스위치 부분에 "이 조명 스위치는 기본적으로 꺼짐 상태로 되어 있습니다. 본 기본 상태가 유지되도록 협조 바랍니다."라는 공지 문구를 붙여놓는다. 반면에 B기숙사의 공동생활장소의 조명 스위치에다는 "이 스위치로 조명이 작동됩니다. 사용 후에는 꺼주세요."라고 적어놓는다. 마지막 C기숙사의 조명 스위치에는 아무런 공지를 붙이지 않는다. 결국 A기숙사는 '현상유지조건을 사용'하여 사용자들의 선택에 '개입'이 시도된 실험군이며, B기숙사는 현상유지조건을 사용하지는 않았지만 어느 정도 '중립적 개입'이 시도된 실험군이고, 마지막으로 기숙사 C는 아무런 개입이 시도되지 않은 실험군으로 나눌 수 있다.

실험을 위한 두 가지 가설은 다음과 같다. 첫 번째 가설은 "현상유지조건의 A기숙사가 가장 많이 전기 절약을 달성하고, 현상유지조건은 아니지만 어느 정도 개입이 시도된 B기숙사가, 그리고 마지막으로 아무런 개입이 시도되지 않은 C기숙사 순서로 에너지를 절약한다."이다. 기준 기간과 비교하여 실험 기간에 에너지 절약이 얼마나 달성되었는지를 측정하는 정량적 지표로서 전력 사용량의 '평균변화율(mean percent change, M)'을 살펴보았다. 전반적으로 양의 부호로 전력 사용량이 측정된다면, M값이 작을수록 전기 절약을 많이 한 것으로 해석이 가능하다. 따라서 가설은 다음과 같다.

$$H_1 : M_{SQ(\text{기숙사 A})} < M_{nonSQ(\text{기숙사 B})} < M_{control(\text{기숙사 C})}$$

여기서 SQ는 현상유지 'Status Quo'의 약자로서 A기숙사에 해당되며, '$nonSQ$'는 현상유지조건이 걸리지 않은 B기숙사를, 그리고 '$control$'은 아무런 개입이 허락되지 않은 통제 실험군인 C기숙사를 의미한다.

두 번째 가설은 "현상유지조건이 걸린 기숙사의 전기 소비량이 기준 기간보다 실험 기간에 줄어들었다."이다. 즉, 전기 스위치를 꺼놓는 것이 현재 상태라면, 현상유지성향으로 인해 전기 스위치가 계속 유지될 가능성이 높아 결국 전력 소비 절약에 기여할 수 있을 것으로 기대되기 때문이다. 따라서 수학적 형태의 두 번째 가설은 아래와 같다.

$$H_2 : M_{SQ} < 0$$

실험 결과는 다음과 같다. 우선 [그림 3-4]를 통해서 실험 주간 동안의 6일에 대하여 기숙사별 전주 대비 전력 소비 상승률을 확인해 보자. 첫 번째 날부터 살펴보면 전력 소비량 상승률이 가장 높은 기숙사는 B기숙사($nonSQ$: 꺼짐 상태의 현상유지를 비통제)이며, C기숙사(no intervention : 개입이 전혀 없음)와 A기숙사(SQ : 꺼짐 상태의 현상유지를 통제)가 그다음 순으로 나타났다. 전력 소비량 변화율이 가장 적은 기숙사는 절약을 가장 많이 한 기숙사를 의미하므로, A기숙사에 적용시킨 현상유지통제가 가장 절약적인 소비 행태로 반영된 결과라 판단된다. 이러한 A기숙사의 전력 소비 절약 행태는 실험 주간의 둘째 날

그림 3-3 | 기준 기간 대비 실험 기간의 동일 전력 사용량 변화율[14]

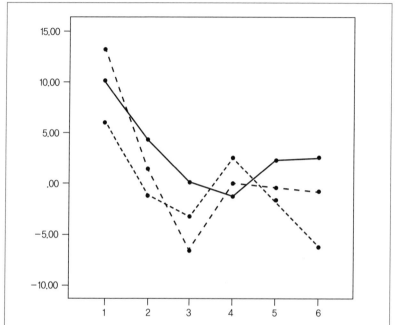

주 : 가로축은 실험 주간의 일차를 나타냄. 즉, 가로축의 1은 실험 주간의 1일차, 2는 2일
차를 의미. 세로축은 전주 동일 대비 전력 소비 변화율을 나타냄.
자료 : Brown University (2012) p. 3

에도 이어지다 3일차와 4일차에 다소 혼전이 있었지만 5일차와 6일차
에 다시 가장 절약적인 행태를 드러냈다. 상승률 변화의 추이를 살펴
보면 대체로 전혀 개입하지 않은 C기숙사가 절약을 가장 안 하는(가장
소비적인) 행태를 보였으며, 현상유지를 비통제한 B기숙사가 A기숙사
와 C기숙사 사이에서 절약적인 행태를 보인 것으로 나타난다.

---

14) 예를 들면, 2012년 4월 10일 화요일과 2012년 4월 17일 화요일 사이에 전력 사용량
변화율을 뜻한다.

그림 3 - 4 | 기숙사별 실험 주간 6일 동안의 전력 소비 평균변화율

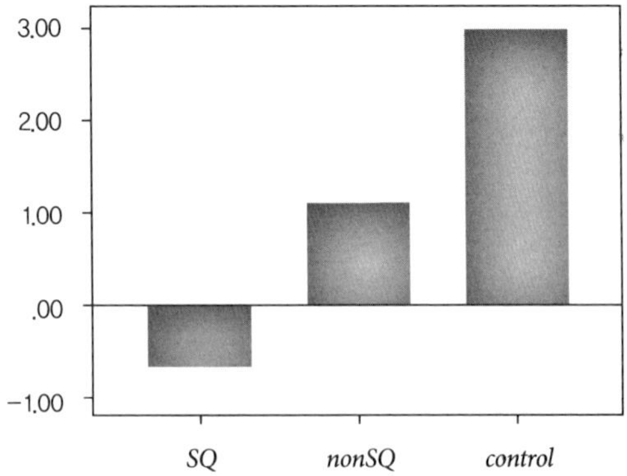

주 : 가로축의 *SQ*는 A기숙사를, *non SQ*는 B기숙사를, *control*은 C기숙사를 의미함. 세로
축은 전력 소비 평균변화율.

자료 : Brown University (2012), p.4

이제 실험 주간인 6일 동안 기숙사별 전력소비 평균변화율을 계산
하여 비교해 보면 보다 명확하게 어떤 기숙사에서 가장 절약적인 전
력 소비 행태가 나타났는지 확인할 수 있다(그림 3-3 참조). 평균변화
율 비교 결과, 기숙사 A의 평균변화율이 타 기숙사에 비해 가장 낮은
것으로 계산되었으며, 이는 꺼짐 상태를 현상유지하려는 전력 소비자
의 행동 성향이 본 실험을 통해 드러난 것이다. 또한 B기숙사와 C기
숙사의 평균변화율이 그다음으로 낮은 순이었음이 확인되면서(그림 3
-4 참조), 첫 번째 가설(H_1)과 함께 두 번째 가설(H_2)이 모두 성립된다
고 해석할 수 있다.

4. 휴리스틱 편향의 에너지 선택 어나멀리 :
   MPG 환상, 비선형비용함수, 허딩 구매

휴리스틱 편향 오류란 앞서 소개하였듯이 평상시 자신에게 익숙한 방식으로 생각하고 판단할 때 나타나는 오류를 일컫는다. 이 역시 인간의 합리적 인지 과정이 매우 제한적이기에 피하기 쉽지 않은 행동 오류이며, 에너지 소비 행동과 관련되어 대표적으로 거론되는 **MPG 환상** 사례를 자세하게 다루어 보고자 한다.

  MPG는 Miles Per Gallon의 약자로서 미국 자동차의 연비를 나타내는 수치이다. 즉, 1 갤런(수송용 연료 단위)당 몇 마일(거리 단위)을 가는 자동차인지를 알려주는 정보로서 MPG 수치가 클수록 연비가 좋은 자동차를 의미한다. 리처드 탈러와 캐스 선스타인은 아래의 문제를 통해 사람들이 MPG를 이해하는 데 있어 얼마나 부정확한 판단을 내릴 수 있는지를 실험한다.

[문제 1] 당신은 현재 차를 바꾸려고 합니다. 바꾸기 위한 선택은 아래와 같이 두 가지(A 혹은 B)가 존재합니다. 선택 (A)는 34MPG 차에서 50MPG 차로 바꾸는 것이며, 선택 (B)는 18MPG 차에서 28MPG 차로 바꾸는 것입니다. 어떤 선택이 당신의 연료 소비를 절약시킬 수 있을까요?

(A) 34MPG에서 50MPG로

(B) 18MPG에서 28MPG로

실험 결과 대부분의 참여자는 선택 (A)가 더 많은 연료 절약을 달성할 수 있을 것이라고 답하였다. 이렇게 대답한 이유는 다음과 같이 우리에게 익숙한 방식과 판단에 기초하였을 것이다.

선택 (A)는 16MPG 효과가 있고, 선택 (B)는 10MPG 효과가 있다.
따라서 선택 (A)는 선택 (B)보다 6MPG 더 많은 절약 효과가 있다.

그러나 이성적으로 다시 계산해 보면 선택 (B)가 선택 (A)보다 2배 이상으로 연료 소비를 절약할 수 있는 선택이다. 만약 10,000마일을 달린다고 생각했을 때, 선택 (A)는 약 94갤런을 절약할 수 있지만(= $(\frac{1}{50} - \frac{1}{34}) \times 10,000$), 선택 (B)는 무려 약 198갤런을 절약할 수 있기 때문이다(= $(\frac{1}{28} - \frac{1}{18}) \times 10,000$). 단순히 MPG가 높을수록 더 높은 연비와 더 많은 연료 절약을 달성할 수 있다는 일상적 판단이 선입견을 만들고, 결국 소비 행동에서 비합리적 오류로 귀결되는 것이다.

판단하기가 복잡해지는 상황이 되면 인간은 가장 익숙한 방식으로 처리하려고 하는 행동을 하는 것도 휴리스틱 오류의 한 단면이다. MPG 환상 역시 연비절약을 정확하게 계산하려면 GPM(Gallon per Mile)으로 변환시켜야 하지만, 이렇게 하려면 왠지 무언가 복잡하고 기존의 판단 방식과는 익숙하지 않기에 많은 사람들은 결국 오류적 행동 결과로 귀속되는 것이다.

판단이 복잡해지는 상황에서 휴리스틱 오류가 드러나는 사례는 Ito(2004)[15)]와 Allcott의 많은 논문[16)]에서도 명백하게 드러난다. 먼저 Ito(2004)는 캘리포니아 전력 소비자들의 선택을 분석하였다. 전통경제학적 관점으로 소비자는 한계수익을 한계비용에 일치(대응)시켜야 효용이 극대화되는 것을 잘 알고 있지만, 만약 한계비용이 비선형으로 복잡하게 나타난다면, 한계수익을 복잡한 한계비용에 맞추려 하기보다 단순한 형태인 평균비용에 일치시키려고 한다는 것이다. 이렇게 평균비용에 일치시키는 선택은 전통경제학적으로 최적점(optimal equilibrium)이라 할 수 없기에, 이는 명백하게 경제 주체의 비합리적

------

15) Ito(2004)에서 정리된 이론적 배경을 간단하게 소개하면 다음과 같다. 우선 전력이라는 상품 x에 대하여 소비자들의 관심 가격은 $p(x+\epsilon)$으로 가정된다. 여기에서 ϵ은 불확실성으로 0부터 1의 값을 가지면서 확률변수의 성질을 가진 $\int w(\epsilon)\mathrm{d}\epsilon = 1$로 가정된다. 따라서 소비자에게 지각되는 가격, $\tilde{p}(x)$는 다음과 같은 구조로 나타난다: $\tilde{p}(x) = \int p(x+\epsilon)w(\epsilon)\mathrm{d}\epsilon$. 불확실성의 밀도함수 $w(\epsilon)$에 따라 $\tilde{p}(x)$가 한계가격, 기대한계가격, 혹은 평균가격이 정해질 수 있으며, 이 세 가지 상황에 따라 위험중립적인 소비자가 어떤 가격에 반응하고 있는지를 실증자료를 모아서 확인하였다.

16) Allcott & Wonzy(2009), Allcott & Mullainathan(2010), Allcott(2011a, 2011b), Allcott(2013).

어나멀리로 판단된다.[17] 또한 Allcott(2011a)은 전력 가격에 대한 지나치게 많은 홍보와 정보가 소비자들에게 제공되면 오히려 소비자가 가장 쉽게 기억하고 익숙하게 생각하는 가격 정보(혹은 가격탄력성)에 반응한다는 것도 발견하였다.

마지막으로 특정 에너지 상품의 가격이 예상치 못하게 변동하는 경우, 이러한 가격 변동만을 좇는 무분별한 차익거래행위(arbitrage)는 종종 휴리스틱 행동으로 해석된다. 대표적 사례는 2004년 이후 2008년 글로벌 금융위기가 발생하기 전, 국제유가는 타이트한 수급 상황을 감안하더라도 멈추지 않는 상승세를 이어갔다. 이러한 지속적인 상승세의 배경에는 석유의 금융상품화와 과도한 투자자금의 유입이라는 의구심이 자리 잡고 있었다. 즉, 석유를 자원이나 제품의 원재료가 아닌 금융 상품으로 인식됨으로써 금융시장에서 석유에 대한 투자자들의 매입(long position)거래가 급증하였으며, 이러한 매입거래 급증으로 유가의 상승세가 계속 유지되었다는 주장이다. 사실 국제석유시장 전문가들 사이에서 2000년 초반 이후 수년 동안 국제유가는 상승하는 것이 일상적인 상황으로 인식되었으며, 특별한 문제가 도래하지 않는 한 이러한 상승세가 유지될 것이란 전망이 대세였었다. 따라서 석유라는 금융 상품에 대하여 투자자들의 일상적인 인식 역시 '가격 상승'

---

17) 행동경제학적 접근과 해석을 하지는 않지만, Shin(1985)은 미국 오하이오 전력 소비자들이 한계비용 혹은 평균비용에 반응하는지를 간단한 설명 변수인 $lnMC(AC/MC)k$를 투입하여 실증적 증거를 제시하였다. 즉, k가 1의 값을 가지면 결국 설명 변수로서 MC가 아닌 AC의 역할이 확인되는 것이다.

일 것이며, 결국 이러한 일상적인 인식으로 인해 적극적인 매입이 당시 시장에서 만연되는 행동이었으며, 이러한 분위기에 동조되는 **허딩구매**(Herding purchace behavior)가 분명 있었을 것이란 주장이 최근 많은 설득력을 얻고 있는 중이다.[18)

5. 개인보다 사회적 선호를 우선시하는 에너지 선택 어나멀리

이타심에 기반을 둔 선택이나 행동으로 경제학적으로 효율적이지 않은 선택을 하였다면 이 역시 비합리적 행동 혹은 오류적 경제 행위로 간주할 수 있을까? 앞서 개인의 이기적 만족감이 아닌 이타적 만족감을 고려한 경제적 선택이 일어날 수 있음을 소개하였다. 이러한 경제적 선택이 단순히 개인의 이익 극대화에 부합되지 않는다는 이유로 우리는 '비합리적'이나 '오류적' 행동으로 치부하지 않았음을 상기할 필요가 있다. 특히 본 장에서는 에너지 사용에 있어서 개인의 의사결정 기준이 '개인의 만족감'이 아닌 '사회 혹은 타인의 만족감'을 고려

---

18) 비록 국제석유시장에서의 허딩 행태 증거는 직접적으로 발견되지는 않지만, 투기자금의 행태에 대한 자료는 꾸준히 제시되어 오고 있다. 당시 미 하원의원인 버니 샌더스는 미국 석유선물시장에서의 투기자금 활동 관련 자료를 공개했으며(http://www.reuters.com/article/us-cftc-dataleak-idUSTRE77I4NR20110819), 투기자금 활동에 대한 의구심은 결국 투기자금을 따라가려는 일반 투자자들의 맹목적 동조 행태 가능성을 배제할 수 없게 된다. 최근에는 특히 석유시장의 금융화에 학문적 연구를 활발하게 시도하고 있는 Fattouh(2012)는 기존 연구 학습을 통해 최근 석유시장금융화 연구들을 일목요연하게 정리해 놓았다.

하게 되는 사례를 소개하고 정리하고자 한다.

Nolan 등(2008)은 810명의 캘리포니아 거주자를 대상으로 에너지 사용에 있어 사회적 기준을 제시하였을 때 실제 전력 및 가스 소비량에 어떠한 변화가 있었는지 실험하였다. 사회적 기준 제시를 위한 방법으로 훈련받은 조사원이 가정 방문을 통해 에너지 절약의 중요성을 설명하면서, 구체적인 실천 방법으로 "현재 거주지의 이웃 대부분 (77%)이 여름 난방을 위해 에어콘 사용 대신 부채나 선풍기를 사용하고 있으니 당신도 동참해달라."는 요청을 덧붙였다. 피방문자는 자신을 제외한 대부분의 이웃이 이러한 행동을 당연히 하고 있다는 일종의 사회적 기준을 제시 받음으로써 자신의 에너지 사용 행태를 돌아보게 되고 결국 전력 및 가스 소비량을 약 20% 감소하였던 사례가 있다. 또한 사회적 기준의 영향력도 측정하였는데, 피방문자들이 에너지 절약을 통해 환경보호를 할 수 있다는 정보나 에너지비용을 절약할 수 있다는 정보보다 이웃의 대다수가 절약하고 있다는 정보가 9%나 더 많이 에너지를 절약할 수 있는 힘을 발휘한 것으로 추정되었다. 이렇게 개인의 에너지 사용량 변화의 동기가 자기 자신이 아닌 타인 혹은 사회적 기준에서 유발되는 것은 에너지시장에서 사회적 선호의 중요성을 보여주는 대표적 사례로 인용되고 있다.[19]

사실 Nolan 등(2008)에서 밝힌 두 번째 결과(사회적 기준의 영향력)

---

19) 이와 비슷한 연구 결과가 많은 연구를 통해 계속 발표되고 있다. 예를 들면 Schultz et al.(2007), Goldstein et al.(2007), Cialdini(2003)이 대표적이다.

는 흥미로운 시사점을 제공한다. 에너지 절약을 가장 강력하게 유발한 '사회적 기준'은 단순한 이타심이나 사회성으로 해석할 수 없다. 오히려 에너지 절약을 해야 하는 동기가 이타성이나 사회성에서 발현되었다면 에너지 절약을 통해 환경보호에 기여할 수 있다는 정보가 더욱 적합한 개입이라고 판단되기 때문이다. Nolan 등(2008)에서의 사회적 기준(대다수의 이웃이 하고 있음)은 차라리 '경쟁심리'에 더 가까울 수 있다. 즉 "대부분 사람들이 하고 있는데 나도 참여해야 하는 것 아닌가?"라는 경쟁심리로 해석이 가능하며, 이러한 해석은 다시 앞서 언급한 휴리스틱 편향의 동조 현상으로 연계가 가능해진다.

에너지 분야에서 사회적 기준이 경쟁심리로 해석될 수도 있다는 사례는 최근 오파워(Opower)[20]의 에너지비용 청구서로도 고민해 볼 수 있다. 최근 한 미디어는 오파워 기업의 에너지비용 청구서 모델이 에너지비용을 줄이는 데 큰 성과를 올리며, 이는 기본적으로 경쟁심리에 근거한다고 주장하였다.[21] 이러한 오파워에 대한 실증 분석으로서 Allcott(2011)은 오파워 기업의 전력 청구서 내의 사회적 기준 관련 정보가 소비자의 에너지 절약 행동을 어떻게 유발하고 있는지 공공경제학적 관점으로 검토하였다.

---

20) 오파워 기업은 미국 버지니아 주 알링턴에서 창설된 소프트웨어서비스를 위한 공공기업으로서 2010년 이후 안정적이고 효율적인 에너지관리를 위한 다양한 서비스를 제공함으로써 명성을 얻고 있다(www.opower.com).

21) SBS CNBC "美 전기비 절감업체 오파워, 비법은 '경쟁심리'(http://sbscnbc.sbs.co.kr/read.jsp?pmArticleId=10000576699)

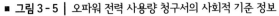

■ **그림 3 - 5 |** **오파워 전력 사용량 청구서의 사회적 기준 정보**

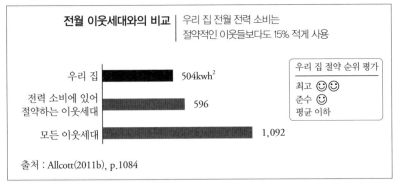

[그림 3-5]에서와 같이 오파워 기업은 전력 사용량 고지서에 본인의 전월 전력 사용량을 이웃과 비교할 수 있는 정보를 제공함으로써 나의 행동을 사회적 기준과 비교하게 하였다. 이는 공공경제학에서의 사회적 규범(혹은 표준)의 역할을 활용한 것으로, 만약 사회적 표준으로서의 이웃 평균비용에 비해 내가 더욱 많이 쓰고 있다면 마치 나는 에너지를 낭비하고 있다는 심리적 불편함을 갖게 된다. 결국 이웃 평균비용 수준으로 맞추려고 에너지 절약 행동을 보이게 되는데, 실제 오파워의 이웃 소비량 정보는 최대 6%, 평균 2%의 전력 소비 감소 효과를 미친 것으로 추정되었다(Allcott, 2011b).[22]

Fischbacher 등(2015)은 사회적 이익을 선호하는 사람들이 에너지 절약시설 투자에 더욱 적극적임을 발견하였다. 스위스 주택 소유자를 대

---

22) 이보다 앞서 Staats와 Harland(1995)도 비슷한 분석 결과를 내놓았다. 방문 조사원들이 계속해서 에너지 절약에 대한 사회적 기준을 집집마다 알려주고 피드백을 요구할 경우, 약 27%의 전력 소비가 감소하는 것으로 추정되었다.

상으로 최후통첩게임이 반영된 설문조사 결과, 개인의 이익만을 고려하는 주택 소유자보다 상대방의 이익을 고려하는 주택 소유자일수록 에너지 절약시설 투자에 더욱 적극적이었으며, 또한 절약 및 환경 개선을 위해 더욱 노력하고 있음이 확인되었다. 즉, 이러한 결과는 에너지시장에서의 의사결정이 개인의 이익(선호) 극대화만을 통해서 나타나지 않고 사회적 이익(선호)에 따라 달라질 수 있음을 보여준다.

6. 행동에너지경제학적 정책의 필요성과 설계 방향

기존의 에너지 환경문제를 해결하기 위한 대표적인 정책으로 **피구세**(pigouvian tax)를 언급할 수 있다. 피구세는 익히 알려진 바와 같이 정부의 '적극적이며 주도적' 역할을 강조하는 경제학적 접근법이다. 에너지와 환경은 시장이 형성되어 있지 않기 때문에 이들 재화를 과다하게 이용하더라도 대가를 치르게 할 수 없기에, 정부가 인위적으로 적정 가격을 부과함으로써(피구세를 부과하여) 에너지 및 환경재가 사회 전체적으로 적정하게 사용되도록 유도하는 데 있어 적합하다고 알려져 있다.

그러나 앞서 살펴본 바와 같이, 에너지를 과다하게 사용함으로써 나타나는 에너지 사용의 사회적 비효율성은 단지 시장의 문제만으로 발생되는 것이 아니다. 사용자(인간)의 제한된 합리성이라는 근본적 인식의 한계로 인해 에너지 사용에서의 비효율성은 발생할 수 있다. 즉, 인간의 위험회피편향, 현시선호편향, 현상유지편향, 휴리스틱 편향, 사회적 선호편향 등으로 인해 발생한 에너지 수급의 불일치를 '인간은 합리적이다'라는 근거로 설계한 피구세와 같은 정책으로 해결하기가 쉽지 않을 것이다. 인간의 심리적 측면에서 발생한 문제를 정부 주도의 가부장적 정책으로 접근할 경우 오히려 반감만 불러일으킬 뿐, 기대했던 정책 효과를 달성하기는 어려운 것이 지극히 당연할 것이다. 따라서 행동경제학자들은 위압적이지 않으면서 사용자의 자발적 깨달음을 유도할 수 있는 심리적 자극과 같은 넛지 스타일의 정책이 행동 실패에 기인한 에너지 사용의 비효율성을 개선하는 데 더욱 효과적일 수 있다고 조언한다. 실제로 이러한 넛지 스타일의 정책 마련을 위해 최근 미국의 백악관이나 영국의 총리실은 행동경제학자들로 구성된 정책팀을 새롭게 만들어 운영하고 있다. 이러한 전문가들의 조언과 최근의 정책적 환경 변화를 받아들이면서, 본 절에서는 에너지 사용에 있어 행동 실패 사례 개선을 위한 넛지 스타일의 정책적 대안과 방향성을 간략하게 정리해 보고자 한다.

위험회피편향은 같은 크기라 할지라도 이득보다 손실에 더욱 민감하게 반응하는 인간의 심리성향을 의미한다. 따라서 만약 어떤 경제적 선택이 에너지 효율을 개선하는 데 있어 경제적 도움(이득)을 창출시킬지라도 비슷한 수준의 손실이 예상된다면, 이 경제적 선택은 외면받을 가능성이 매우 높다. 이러한 외면을 비합리적인 행동이라고 평가하면서 선택하도록 훈계하고 위압적인 정책으로 밀어붙인다고 개선될 것이라고 기대한다면 이 역시 매우 순진한 생각이다. 오히려 이러한 위험회피편향 심리를 이해하고, 이를 다시 활용할 수 있게 정책을 수립하는 것이 바람직한 방법이다.

예를 들어 에너지 고효율 제품 판매를 활성화시킬 수 있는 방법을 고민해 보자. 현실적으로 에너지 고효율 제품 구입을 통해 에너지 비용을 줄이고 경제적 편익을 누려 보라고 다양한 홍보를 해도 에너지 고효율 제품 판매가 기대만큼 활성화되지 않는 경우가 많다. 이는 앞서 [그림 3-1]에서도 설명하였듯이 에너지 고효율 제품 구입을 통해 기대되는 경제적 편익의 만족도보다 혹시나 발생할 수 있는 약간의 손실에 대한 불만족도가 훨씬 크게 작용하기 때문이다. 만약 소위 기준점을 에너지 고효율 제품을 구입했을 때 이득이 발생한다는 곳에 두는 것이 아니라 구입하지 않았을 때 손실이 발생하는 곳에 두게 되면, 이 손실을 회피하고 싶은 성향이 발동되어 에너지 고효율 제품을 구입하려는 동기가 강해질 수 있다. 따라서 "이 제품을 구입하여 매달 10,000원의 에너지 절약 효과를 기대하라."라는 정책보다는 "이 제품을 구입하지 못하면 매달 5,000원의 에너지비용 발생을 감당해야 한다."라는 방향으로 정책이 진행된다면, 위험회피편향의 에너지 소비자들이 에너지 고효율 제품을 구입할 수 있는 효과적인 자극이 될 수 있을 것이다.

현시선호편향의 에너지 소비자들의 특징은 미래의 에너지 소비에 대한 가치를 너무 낮게 생각하고 현재의 에너지 소비에 대한 가치를 매우 높게 평가한다. 이러한 현재와 미래 간의 불균형적 가치 부여는 오늘 새롭게 구입하게 되는 에너지 고효율 제품이 미래에 얼마나 가치가 있을지 판단이 서지 않기 때문이다. 즉, 불확실한 미래 가치를 위해 현재 새롭게 투자를 하느니 현재 소비를 더 늘리고 싶은 동기가 강하게 발휘되는 행동 선택으로 해석해야 한다. 따라서 만약 새로운 에너지 고효율 제품의 미래 가치에 대한 정보를 보다 정확하게 제공한다면 현시선호편향에 근거한 행동 선택이 개선될 수 있다. 구체적인 예로서 "'A'라는 에너지 고효율 제품을 구입한다면 비록 '10,000'의 현재 구매비용이 들어가지만 에너지 절약 효과 이익이 3년이 될 때 손익분기(break-even)를 낼 수 있으며, 3년 후부터는 매년 2,500원씩 경제적 이득의 혜택을 누릴 수 있습니다."라는 구체적인 미래 이득 정보를 제공하는 방법이다. 사용자의 이해를 돕기 위한 표를 만들어 홍보하는 것도 도움이 될 것이다.[23) 현시선호편향의 에너지 소비자들이 에너지 고효율 제품을 구매할 수 있도록 부드럽게 자극할 수 있는 소위 넛지 스타일 정책은 미래 에너지 사용에 대한 가치를 얼마나 충분하게 인지시킬 수 있는지 여부에 그 성공 여부가 달려 있는 것이다.

　현상유지편향의 에너지 소비자들의 특징은 혜택과 손실 여부와는 상관없이 현재의 에너지 소비 행동을 바꾸지 않고 계속 유지하려는 것이다. 앞서 브라운대학교의 기숙사 전력 실험에서도 드러났듯이, 에너지 소비자의 절약을 유도하기 위해서 최초 상태를 어떻게 설정하느냐가 매우 중요하다. 단순히 현재 상태를 바꾸면 혜택이 클 수 있다는 막연한 홍보보다는 최초 상태가 에너지 절약 및 혜택을 제공할 수 있도록 기반을 마련해 두어야 한다. 사회발전과 함께 대부분의 시민들에게

---

23) Steve Holton은 2007년 3월에 열린 Candy Group 세미나에서 할인율 흐름표를 만들어 소비자들에게 얼마나 에너지비용을 절약할 수 있을지 보여주었다(www.eeph.org.uk).

야간 조명은 켜져 있는 상태를 기본 상태로 인식하는 경우가 지배적이어서 다소 어려움이 따를 수 있겠지만, 기업과 학교의 상징적인 건축 조명을 제외하고 단순 인력이 투입되는 일반 사무실 및 기숙사 조명은 다양한 홍보 및 캠페인을 통해 '꺼짐 상태'를 기본 상태로 인식하도록 하는 정책이 필요하다. 사람이 없다는 이유로 무조건 소등을 강권한다든지, '불필요한 시설에 조명이 켜져 있는 것을 시민의식 부족으로 몰아붙이는 정책이나 홍보 캠페인은 오히려 반감만 불러일으켜 기대했던 정책 효과를 실현하는 데 어려울 수 있다. 인간의 현상유지편향을 자연스럽게 반영한 정책 및 홍보 전략이 절실한 이유이다.

에너지 사용에서의 **휴리스틱 편향**은 기존의 익숙한 그리고 오류를 일으킬 만큼 단순한 방법으로 사고함으로써 잘못된 에너지 사용 선택 및 행동을 하는 것이다. 앞서 소개한 바와 같이 MPG 환상은 대표적인 휴리스틱 편향의 사례이며, 이를 해결하기 위해서는 오류가 발생되지 않도록 에너지 개념을 더욱 명확하게 재정립하는 것이 도움이 된다. MPG 환상의 사례에서는 가솔린 1단위당 갈 수 있는 거리로 개념을 정립하여 사고를 함으로써 오류가 발생한 것이기에, 만약 GPM(gasoline per mile), 즉 거리 1단위당 소비되는 가솔린 1단위로 환산하여 판단을 한다면 분명 정확한 에너지 절약 선택이 무엇인지를 판단하는 데 도움이 될 것이라 사료된다. 또한 지나치게 복잡한 에너지 선택과 정보를 제공하는 것은 소비자에게 피로감을 불러일으켜 단순한 사고로 대응할 가능성이 높아지기에, 최대한 명료한 방식으로 에너지 정책을 정리할 필요가 있다. 전력 요금 구간 설정도 사람들의 휴리스틱 오류가 발생되지 않게 보다 명료하고 단순화시켜야 할 대표적 대상 중 하나이다. 석유 상품에 대한 금융투자는 일반적으로 금융시장의 과열 및 침체가 빈번하게 나타나기에 특별한 규제로 접근하는 것은 무리가 있으며, 다만 상승률 및 하락률에 대한 보다 상세한 금융투자 정보제공으로 허딩 투자자들의 행동이 극대화되지 않도록 하는 방향을 고려해야 할 것이다.

마지막으로 **사회적 선호편향** 관련 정책은 오파워가 이미 활용하고 있듯이 사회적 규범에 동조하려는 인간의 심리를 긍정적으로 이용하는 방향으로서 가계부문(residential)의 에너지 절약을 목표로 설정하는 것을 검토해 볼 필요가 있다. 현재 우리나라 전력비용 통지서에서도 비슷하게 차용하고 있기는 하지만, 우리 집과 비슷한 수준의 여타 가계들의 전력 소비와 비교하고 우리 집이 얼마나 더(혹은 덜) 절약을 하고 있는지 한눈에 이해할 수 있는 범주 기준(예 : 월등, 우수, 평균, 평균 미만 등)을 마련하고 이모티콘 삽입을 통해 친숙하면서도 강력한 동기 부여 정책을 고려할 필요가 있다. 가계를 대상으로 하는 에너지절약 유도 프로그램뿐만 아니라 경쟁심리가 더욱 강력하게 발휘되는 기업을 대상으로 한다면 더욱 큰 효과를 기대할 수도 있다. 우리나라의 주요 산업단지를 대상으로(서울의 구로 지역, 대구의 성서 지역 등), 우리 기업이 여타 비슷한 성격과 수준의 기업집단의 전력 소비와 비교하여 사회적 규범에서 벗어나고 있는지를 부드럽지만 강력하게 자극할 수 있다면, 산업용 전력 소비 행태의 변화에도 크게 기여할 수 있으리라 기대된다.

참고문헌

김지효, 심성희. 정책변화 대응을 위한 에너지수요관리 정책의 법제적 기반 및 정책수단 체계화 연구, 에너지경제연구원 수시연구보고서, 2015

대니얼 카너먼 저, 이진원 역. 생각을 위한 생각, 김영사, 2012

하노 벡 저, 배명자 역. 부자들의 생각법, 갤리온, 2013

Ameli, N., & Kammen, D. M. (2012). Clean energy deployment: addressing financing cost. *Environmental Research Letters, 7(3), 034008.*

Ameli N., and N. Brandt (2014). 'Determinants of households' investment in energy efficiency and renewables: evidence from the OECD survey on household environmental behaviour and attitudes. *OECD Economics Department Working paper series 1165.*

Ameli N. and Brandt N. (2015). What impedes household investment in energy efficiency and renewable energy?, *OECD Economics Department Working paper series 1222*

Ariely, D., & Loewenstein, G. (2000). When does duration matter in judgment and decision making?. *Journal of Experimental Psychology:*

General, 129(4), 508

Arrow, K. J. (1982). Risk perception in psychology and economics. *Economic Inquiry*, 20(1), 1-9.

Abdellaoui, M., Bleichrodt, H., & Paraschiv, C. (2007). Loss aversion under prospect theory: A parameter-free measurement. *Management Science*, 53(10), 1659-1674.

Allcott, H., & Mullainathan, S. (2010). Behavioral science and energy policy. *Science*, 327(5970), 1204-1205.

Allcott, H. (2011a). Rethinking real-time electricity pricing. *Resource and Energy Economics*, 33(4), 820-842.

Allcott, H. (2011b). Social norms and energy conservation. *Journal of Public Economics*, 95(9), 1082-1095.

Allcott, H. (2013). The welfare effects of misperceived product costs: Data and calibrations from the automobile market. *American Economic Journal: Economic Policy*, 5(3), 30-66.

Anderson, S. T., & Newell, R. G. (2004). Information programs for technology adoption: the case of energy-efficiency audits. *Resource and Energy Economics*, 26(1), 27-50.

Arthur, D. (1984). Little, Inc., Measuring the Impact of Residential Conservation Programs: An Econometric Analysis of Utility Data, Final Report for RP-1587. Electric Power Research Institute, 8.

Berkovec, J., Hausman, J. A., & Rust, J. (1983). Heating system and appliance choice. Massachusetts Institute of Technology, Department of Economics.

Brown University. (2012). Energy usage and the status quo bias, Retrieved Oct. 8, 2015, from http://brown.edu/about/brown-is-green/

Camerer, C. F., Loewenstein, G., & Rabin, M. (Eds.). (2011). *Advances in behavioral economics*. Princeton University Press.

Cameron, L. A. (1999). Raising the stakes in the ultimatum game: Experimental evidence from Indonesia. *Economic Inquiry*, 37(1), 47-59.

Chapman, G. B., & Johnson, E. J. (2002). Incorporating the irrelevant: Anchors in judgments of belief and value. Heuristics and biases: The psychology of intuitive judgment, 120-138.

Cialdini, R. B. (2008). *Influence: Science and practice* (Vol. 4). Boston: Pearson Education.

Cole, H., & Fuller, R. (1980). Residential energy decision making: an overview with emphasis on individual discount rates and responsiveness to household income and prices. Hittman Associates report, Columbia, MD.

Corum, K. R., & O'Neal, D. L. (1982). Investment in energy-efficient houses: An estimate of discount rates implicit in new home construction practices. *Energy*, 7(4), 389-400.

Christensen, C. (1989). The psychophysics of spending. *Journal of Behavioral Decision Making*, 2(2), 69-80.

Cialdini, R. B. (2003). Crafting normative message to protect the environment. *Current Directions in Psychological Science*, 12(4), 105-109.

Defra (Department for Environment Food and Rural Affairs). (2007). Behavioral Economics & Energy Using Products: Scoping Research on Discounting Behavior and Consumer Reference Points. March.

Defra (Department for Environment Food and Rural Affairs). (2010). Behavioral Economics & Energy Using Products: Scoping Research on Discounting Behavior and Consumer Reference Points. March.

DellaVigna, S. (2009). Psychology and economics: Evidence from the field . *Journal of Economic Literature*, 47, 315-372

Dale, L. (2008). An analysis of the price elasticity of demand for household appliances. Lawrence Berkeley National Laboratory.

Della-Vigna S. (2009). Psychology and Economics: Evidence from the Field. *Journal of Economic Literature* 47(2), 315-372.

Dubin, J. (1982). *Econometric Theory and Estimation of the Demand for Consumer Durable Goods and Their Utilization: Appliance Choice and the Demand for Electricity.* In Report No. MIT-EL 82-035WP, MIT Energy Laboratory. MIT Cambridge, MA 02139, USA.

Epstein, S. (2003). Cognitive experiential self theory of personality.

in Theodore Millon and Melvin J. Lerner, eds., Comprehensive handbook of psychology, volume 5: Personality and social psychology. Hoboken, NJ: Wiley & Sons, 2003, pp. 159184.

Fattouh, B. (2012). The Finanicialization of oil markets potential impacts and evidecne, The Financialization of Oil Markets Workshop, The International Energy Agency, Paris, France, March 28.

Farsi, M. (2008). Risk-aversion and Willingness to Pay for Energy Efficient Systems in Rental Apartments. Center for Energy Policy and Economics Working Paper, Swiss Federal Institutes of Technology.

Fehr, E., & Fischbacher, U. (2002). Why social preferences matterthe impact of non selfish motives on competition, cooperation and incentives. *Economic Journal*, 112(478), C1-C33.

Fehr, E., & G Chter, S. (2001). Do incentive contracts crowd out voluntary cooperation?, Institute for Empirical Research in Economics, University of Zurich.

Fehr, E., & Schmidt, K. M. (1999). A theory of fairness, competition, and cooperation. *Quarterly Journal of Economics*, 817-868.

Fischerbacher, U., Schidy, S., & Teyssier, S. Heterogeneous preferences and investments in energy saving measures, *Munich Discussion Paper* No. 2015-11

Fisher, I. (1930). *The Theory of Interest*. New York: Macmillan.

Frederick, S., Loewenstein, G., & O'donoghue, T. (2002). Time discounting and time preference: A critical review. *Journal of Economic Literature*, 351-401.

Frederick, S. (2005). Cognitive reflection and decision making. *Journal of Economic Perspectives*, 25-42.

Friedrich, K., Eldridge, M., York, D., Witte, P., & Kushler, M. (2009). Saving energy cost-effectively: a national review of the cost of energy saved through utility-sector energy efficiency programs. *American Council for an Energy-Efficient Economy*, U092.

Gately, D. (1980). Individual discount rates and the purchase and utilization of energy-using durables: Comment. *Bell Journal of Economics*, 11(1), 373-374.

Gilovich, T., & Medvec, V. H. (1995). The experience of regret: what, when, and why. *Psychological Review*, 102(2), 379.

Goett, A. A. (1978). *Appliance fuel choice: An application of discrete multivariate analysis*. Davis, CA: University of California.

Goett, A., & McFadden, D. (1982). Residential end-use energy planning system (REEPS). *Electric Power Research Institute*, Palo Alto, CA.

Goett, A. (1983). Household appliance choice: Revision of REEPS behavioral models. Final report for research project 1918-1. *Electric Power Research Institute, The Institute*.

Goldstein, N. J., Griskevicius, V., Cialdini, R. B. (2007). Invoking social norms: A social psychology perspective on improving hotels' linen-reuse programs. *Cornell Hotel and Restaurant Administration Quarterly*, 48(2), 145-150.

Goldstein, N. J., Cialdini, R. B., & Griskevicius, V. (2008). A room with a viewpoint: Using social norms to motivate environmental conservation in hotels. *Journal of Consumer Research*, 35(3), 472-482.

Güth, W., Schmittberger, and Schwarze (1982). An Experimental Analysis of Ultimatum Bargaining". *Journal of Economic Behavior and Organization* 3 (4): 367388.

Güth, W. and Yaari, M. (1992). "An Evolutionary Approach to Explain Reciprocal Behavior in a Simple Strategic Game". In U. Witt. Explaining Process and Change Approaches to Evolutionary Economics. Ann Arbor. pp. 2334.

Harrison, G. W., Lau, M. I., & Williams, M. B. (2002). Estimating individual discount rates in Denmark: A field experiment. *American Economic Review*, 92, 1606-1617.

Hassett, K. A., & Metcalf, G. E. (1993). Energy conservation investment: Do consumers discount the future correctly?. *Energy Policy*, 21(6), 710-716.

Hassett, K. A., & Metcalf, G. E. (1995). Energy tax credits and residential conservation investment: Evidence from panel data.

Journal of Public Economics, 57(2), 201-217.

Hausman, J. A. (1979). Individual discount rates and the purchase and utilization of energy-using durables. *Bell Journal of Economics*, 33-54.

Hindriks, J. and Myles, G.D. (2013). *Intermediate Public Economics*, MIT press 2nd ed.

Hirst, E., & Brown, M. (1990). Closing the efficiency gap: barriers to the efficient use of energy. Resources, *Conservation and Recycling*, 3(4), 267-281.

Ito, K. (2014). Do consumers respond to marginal or average price? evidence from nonlinear electricity pricing. *American Economic Review*, 104(2), 537-563.

IEA (2012), World Energy Outlook, OECD publication.

IPCC (2014), "Residential and Commercial Buildings" Mitigation. Contribution of Working Group III to the Fifth Assessment Report of the Intergovernmental Panel on Climate Change, Cambridge, UK and New York, NY, USA.: Cambridge University Press.

Johnson, E. J., & Goldstein, D. G. (2003). Do defaults save lives?. Working paper, Center for Decision Sciences, Columbia University

Jaccard, M., & Dennis, M. (2006). Estimating home energy decision parameters for a hybrid energy—economy policy model. *Environmental Modeling & Assessment*, 11(2), 91-100.

Jaffe, A. B., Newell, R. G., & Stavins, R. N. (2004). Economics of energy efficiency. *Encyclopedia of Energy*, 2, 79-90.

Jaffe, A. B., & Stavins, R. N. (1994a). The energy-efficiency gap What does it mean?. *Energy Policy*, 22(10), 804-810.

Jaffe, A. B., & Stavins, R. N. (1994b). The energy paradox and the diffusion of conservation technology. *Resource and Energy Economics*, 16(2), 91-122.

Jaffe, A. B., & Stavins, R. N. (1995). Dynamic incentives of environmental regulations: The effects of alternative policy instruments on technology diffusion. *Journal of Environmental Economics and Management*, 29(3), S43-S63.

Kahneman, D., & Tversky, A. (1973). On the psychology of prediction. *Psychological Review*, 80(4), 237-251.

Kahneman, D., & Tversky, A. (1979). Prospect theory: An analysis of decision under risk. Econometrica: *Journal of the Econometric Society*, 47(2), 263-291.

Kahnneman, D., Slovic, P., & Tversky, A. (1982). Judgment under uncertainty: Heuristics and biases. New York: Cambridge University Press

Kahneman, D., & Tversky, A. (1984). Choices, values, and frames. *American Psychologist*, 39(4), 341-350.

Kahneman, D., Knetsch, J. L., & Thaler, R. H. (1991). The endowment effect, loss aversion, and status quo bias. *Journal of Economic*

Perspectives, 5(1), 193-206.

Kahneman, D., Fredrickson, B. L., Schreiber, C. A., & Redelmeier, D. A. (1993). When more pain is preferred to less: Adding a better end. *Psychological Science*, 4(6), 401-405.

Kahneman, D., & Lovallo, D. (1993). Timid choices and bold forecasts: A cognitive perspective on risk taking. *Management Science*, 39(1), 17-31.

Kahneman, D. (1994). New challenges to the rationality assumption. *Journal of Institutional and Theoretical Economics* (JITE)/Zeitschrift für die gesamte Staatswissenschaft, 150(1), 18-36.

Kahneman, D. (2003a). A psychological perspective on economics. *American Economic Review*, 93(2), 162-168.

Kahneman, D. (2003b). A perspective on judgment and choice: mapping bounded rationality. *American Psychologist*, 58(9), 697-720.

Keefe, R., Griffin, J. P., & Graham, J. D. (2008). The benefits and costs of new fuels and engines for light duty vehicles in the United States. Risk Analysis, 28(5), 1141-1154.

Kooreman, P. (1995). Individual discounting and the purchase of durables with random lifetimes. *Economics Letters*, 48(1), 29-32.

Kooreman, P. (1996). Individual discounting, energy conservation, and household demand for lighting. *Resource and Energy Economics*, 18(1), 103-114.

List, J. A. (2002). Preference reversals of a different kind: The "More is less" Phenomenon. *American Economic Review*, 92(5), 1636-1643.

List, J. A. (2003). Does market experience eliminate market anomalies?. *Quarterly Journal of Economics*, 118(1), 41-72.

List, J. A. (2004). Neoclassical theory versus prospect theory: Evidence from the marketplace. *Econometrica*, 72(2), 615-625.

Loewenstein, G., & Prelec, D. (1992). Anomalies in intertemporal choice: Evidence and an interpretation. *Quarterly Journal of Economics*, 573-597.

Loewenstein, G. (1996). Out of control: Visceral influences on behavior. Organizational behavior and human decision processes, 65(3), 272 -292.

Loewenstein, G. (2000). Emotions in economic theory and economic behavior. *American Economic Review*, 90(2), 426-432.

Loewenstein, G. F., Weber, E. U., Hsee, C. K., & Welch, N. (2001). Risk as feelings. *Psychological Bulletin*, 127(2), 267-286.

Laibson, D., Repetto, A., & Tobacman, J. (2009). Estimating discount functions with consumption choices over the lifecycle (No. w13314). National Bureau of Economic Research.

Lawrance, E. C. (1991). Poverty and the rate of time preference: evidence from panel data. *Journal of Political Economy*, 99, 54-77.

Lin, W., Hirst, E., & Cohn, S. (1976). Fuel choices in the household sector. Oak Ridge National Laboratory.

McRae, D. (1980). Rational Models for Consumer Energy Conservation. In Energy and Housing. Oelgeschleger, Gunn and Hain, Publishers, Inc Cambridge, MA.

Meier, A. K., & Whittier, J. (1983). Consumer discount rates implied by purchases of energy-efficient refrigerators. *Energy*, 8(12), 957-962.

Meier, A., Wright, J., & Rosenfeld, A. H. (1983). Supplying energy through greater efficiency. University of California, Berkeley, CA, 94720.

Metcalf, G. E., & Hassett, K. A. (1999). Measuring the energy savings from home improvement investments: evidence from monthly billing data. *Review of Economics and Statistics*, 81(3), 516-528.

Newell, R. G., Jaffe, A. B., & Stavins, R. N. (1999). The Induced Innovation Hypothesis and Energy-Saving Technological Change. *Quarterly Journal of Economics*, 114(3), 941975.

Newell, R. G., & Siikamki, J. V. (2014). Nudging Energy Efficiency Behavior: The Role of Information Labels. *Journal of the Association of Environmental and Resource Economists*, 1(4), 555-598.

Nolan, J. M., Schultz, P. W., Cialdini, R. B., Goldstein, N. J., Griskevicius, V. (2008). Normative social influence is underdetected. *Personality and Social Psychology Bulletin*, 34(7), 913-23.

Price, C. (1993). Time, discounting and value. Blackwell Publishers.

Read, D., Loewenstein, G., Rabin, M., & Keren, G. Choice Bracketing. *Journal of Risk and Uncertainty*, December 1999, 19(13), 171197.

Read, D., & Read, N. L. (2004). Time discounting over the lifespan. Organizational behavior and human decision processes, 94(1), 22-32.

Revelt, D., & Train, K. (1998). Mixed logit with repeated choices: households' choices of appliance efficiency level. *Review of Economics and Statistics*, 80(4), 647-657.

Rosenquist, G., McNeil, M., Iyer, M., Meyers, S., & McMahon, J. (2006). Energy efficiency standards for equipment: Additional opportunities in the residential and commercial sectors. *Energy Policy*, 34(17), 3257-3267.

Ruderman, H., Levine, M. D., & McMahon, J. E. (1986). Energy -Efficiency Choice in the Purchase of Residential Appliances. in Energy Efficiency: Perspectives on Individual Behavior. Washington, DC: American Council for an Energy Efficient Economy, 41-50.

Samuelson, W., & Zeckhauser, R. (1988). Status quo bias in decision making. *Journal of Risk and Uncertainty*, 1(1), 7-59.

Sanchez, M. C., Brown, R. E., Webber, C., & Homan, G. K. (2008). Savings estimates for the United States Environmental Protection

Agency's ENERGY STAR voluntary product labeling program. *Energy policy*, 36(6), 2098-2108.

Schultz P. W., Nolan, J. M., Cialdini, R. B., Goldstein, N. J., Griskevicius, V. (2007). The constructive, destructive, and reconstructive power of social norms. *Psychological Science*, 18(5), 429-34

Schwarz, N., S, Bradburn, N. M., & udman, S. (1996). Thinking about answers: The application of cognitive processes to survey methodology. Jossey-Bass.

Shin, J. (1985). Perception of price when price information is costly: evidecne from residential electricity demand, *Review of Economics and Statistics*, 67(4), 591-598.

Simon, H. A. (1955). A behavioral model of rational choice. *Quarterly Journal of Economics*, 69(1), 99-118.

Simon, H. A. (1979). Information processing models of cognition. *Annual Review of Psychology*, 30(1), 363-396.

Staats, H. J. and Harland, P. (1995). The ecoteam program in the netherlands. Study 4: A longitudinal study on the effects of the ecoteam program on evironmental behaviour and its psychologucal backgrounds. Summary report. Leiden: Center for Energy and Environmental Research, Leiden University. E&M/R-95-97.

Thaler, R. (1980). Toward a positive theory of consumer choice. *Journal of Economic Behavior & Organization*, 1(1), 39-60.

Thaler, R. H. (1981). Some Empirical Evidence on Dynamic Inconsistency. *Economics Letters*, 8, 201-207.

Thaler, R. H. (1985). Mental accounting and consumer choice. *Marketing Science*, 4(3), 199-214.

Thaler, R. H. (1991). *Quasi Rational Economics*. New York: Russell Sage Foundation.

Thaler, R. H. (1999). Mental accounting matters. *Journal of Behavioral Decision Making*, 12(3), 183-206.

Thaler, R. H. (2000). *Toward a Positive Theory of Consumer Choice*. in Daniel Kahneman and Amos Tversky, eds., Choices, values, and frames. New York: Cambridge University Press, 268287.

Train, K. (1985). Discount rates in consumers' energy-related decisions: a review of the literature. *Energy*, 10(12), 1243-1253.

Tversky, A., & Kahneman, D. (1974). Judgment under uncertainty: Heuristics and biases. *Science*, 185(4157), 1124-1131.

Tversky, A., & Kahneman, D. (1981). The framing of decisions and the psychology of choice. *Science*, 211(4481), 453-458.

Tversky, A., & Kahneman, D. (1983). Extensional versus intuitive reasoning: the conjunction fallacy in probability judgment. *Psychological Review*, 90(4), 293-315.

Tversky, A., & Kahneman, D. (1986). Rational choice and the framing of decisions. *Journal of Business*, 59(4), S251-S278.

Tversky, A., & Kahneman, D. (1991). Loss aversion in riskless choice: A reference-dependent model. *Quarterly Journal of Economics*, 106, 1039-1061.

Tversky, A., & Kahneman, D. (1992). Advances in prospect theory: Cumulative representation of uncertainty. *Journal of Risk and Uncertainty*, 5(4), 297-323.

Van Soest, D. P., & Bulte, E. H. (2001). Does the energy-efficiency paradox exist? Technological progress and uncertainty. *Environmental and Resource Economics*, 18(1), 101-112.

Ventura, L. (2003). Direct measures of time preference. *Economic and Social Review*, 34(3), 293-310.

Wilson, C., & Dowlatabadi, H. (2007). Models of decision making and residential energy use. *Annual Review of Environmental Resource.*, 32, 169-203.

Wolak, F. (2006). Residential Customer Response to Real-Time Pricing: The Anaheim Critical-Peak Pricing Experiment. University of California Energy Institute Center for Study of Energy Markets, CSEM Working Paper 151, Berkeley, CA.

Yates, S. M., & Aronson, E. (1983). A social psychological perspective on energy conservation in residential buildings. *American Psychologist*, 38(4), 435-444.

Yoeli, E. (2009). Does social approval stimulate prosocial behavior? Evidence from a field experiment in the residential electricity market. University of Chicago

Zak, P. J., Borja, K., Matzner, W. T., & Kurzban, R. (2005). The neuroeconomics of distrust: sex differences in behavior and physiology. *American Economic Review*, 360-363.

찾아보기

ㄱ

가능성 휴리스틱 39

구행동경제학

　(Old Behavioral Economics) 6

기대효용이론

　(Expected Utility Hypothesis,

　EUH) 20

기준점과 조정 휴리스틱 39

ㄴ

내쉬 균형(Nash equilibrium) 44

ㄷ

대표성 휴리스틱 39

도덕감정론(The Theory of Moral

　Sentiments) 4

ㅁ

마시멜로 테스트 31

ㅂ

보유효과 33

비시장제품

　(non-market good) 55

ㅅ

사회적 선호편향

　(social preferences bias) 16, 43

손실회피(loss aversion) 32

습관적 사고 5

신경경제학 46

신고전학파 20

신행동경제학

　(New Behavioral Economics) 7

실험경제학 8

ㅇ

야성적 충동(animal spirit) v, 6

어나멀리 7, 20, 29

오파워 73

옥시토신 46

위험회피성향(loss aversion) 52

위험회피이론 5

ㅈ

잠재적 손실 22

잠재적 이득 21

장기기증 동의효과 33

전망이론(Prospect Theory) 21

제도경제학파 5

제한된 합리성

  (bounded rationality) 15

지수형 할인 27

ㅊ

최후통첩게임 43

ㅍ

피구세 75

ㅎ

하이퍼볼릭 시간할인율 15, 26, 28

합리적 선택이론 v

행동에너지경제학 viii

행동에너지경제학

  (Behavioral Energy Economics) 51

현상유지 16, 31

현상유지편향 32

화폐 착각(The Money Illusion) v, 6

후회회피(regret aversion) 32

휴리스틱 16, 37

휴리스틱 편향(heuristic bias) 38

기타

MPG 환상 67

Science of Philanthropy

  Initiative(SPI) 46

저자 _ **최성희**

경희대학교 경제학과 졸업
미국 Claremont Graduate University 경제학 박사
계명대학교 사회과학대학 국제통상학 부교수 2010년~현재
에너지경제연구 · 여성경제연구 편집위원 2008년~현재
에너지경제연구원 책임연구원 2005~2010년
국무총리실 국정자문 전문위원 2008~2009년
국가정보원 에너지포럼위원 2006~2007년

주요 논문 및 국가정책자문보고서

최성희(이달석, 오세신 공저), "석유산업 다각화전략," 에너지경제연구원, 2012년 12월.

최성희, "사회위험요인 분석 및 대응방안-에너지위험," 국무총리실 주관 경제사회연구회 공동연구과제, 한국행정연구원 편집, 2008년 11월.

"Causality between investor's sentiment and price movements: A case study of the NYMEX petroleum futures markets," *International Journal of Oil, Gas, and Coal Technology*, Vol. 7, No. 3, 2014.

"Estimating Exchange Rate Exposure of Trade-Intensive Firms: Application to Korean Oil-Refiners and Petrochemicals," *Global Economic Review*, Vol. 39, No. 3, 2010.

"Exchange risk exposure of Korean SMEs: Issues in firm location, exchange rate type, and exchange rate changes size," *Procedia — Social Behavioral Sciecnes*, Vol. 65, 2012.

"Prediction of Movement Direction in Crude Oil Prices Based on Semi-Supervised Learning," *Decision Support Systems*, Vol. 55, No. 2, 2013.